LES FLEURS,

IDYLLES MORALES.

J. M. Moreau le Jeune del. an XII — P. P. Choffard sculp. 1803

Je pleure, hélas, une mere chérie
Que ce tombeau renferme..... avec mon cœur!

La Piété Filiale – Romance par M. Dubos

LES FLEURS,

IDYLLES MORALES,

SUIVIES

DE POÉSIES DIVERSES;

PAR E. CONSTANT DUBOS,
Professeur au Lycée Impérial, à Paris.

O Fleurs ! en tous les tems, égayez ma retraite ;
Et, *par vous inspiré*, puisse *votre* Poëte
Peindre, sous des crayons frais comme vos couleurs,
Vos traits, vos doux instincts, vos sexes et vos mœurs !

M. DE FONTANES.

A PARIS,
Chez LÉOPOLD COLLIN, Libraire, rue Gît-le-Cœur, n° 14.
M DCCC VIII.

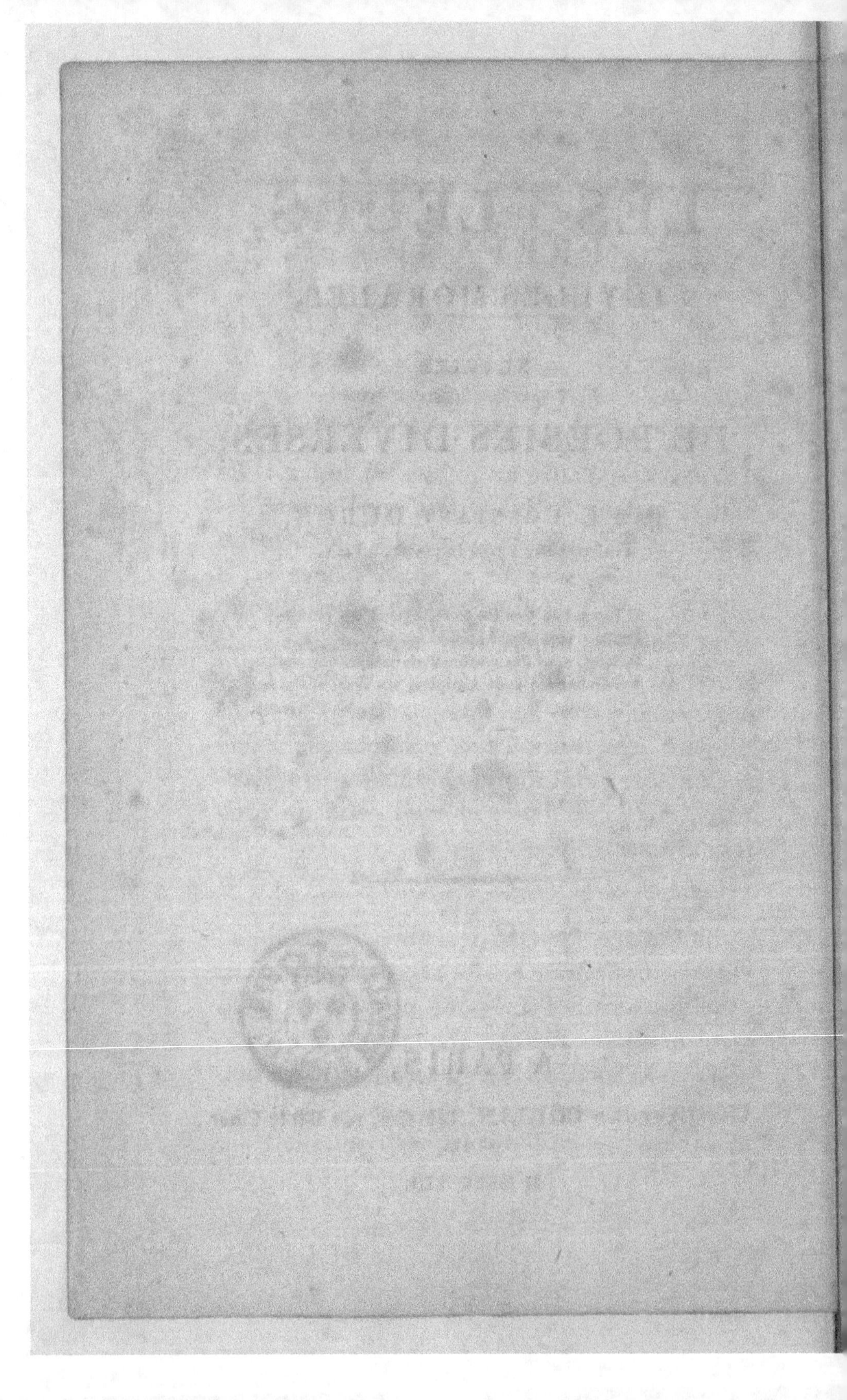

PRÉFACE.

Dicam ego plantarum mores vultusque decoros ;
Par erit his forsan fistula nostra modis.
COWLEY.

L'ESSAI que j'offre au public est le fruit des courts instans de loisir que me laissent les fonctions de mon état. J'ai cru qu'après en avoir scrupuleusement rempli les devoirs, il m'était permis de chercher quelques distractions dans des études moins sérieuses; mais je me suis fait une loi de ne donner à ces délassemens que les momens dont je puis disposer sans nuire à mes occupations habituelles; car j'ambitionne moins le titre d'auteur, que je ne desire mériter celui de professeur estimable.

Nisi utile est quod facimus, stulta est gloria,

a dit Phèdre. Pénétré de cette sage maxime, j'ai voulu donner à mes récréations un but utile. Beaucoup d'écrivains ont traité isolément quelques Fleurs. Mais, ce qui n'a été pour eux qu'un objet d'agrément, qu'une excursion passagère dans le domaine de Flore, m'a paru susceptible d'acquérir un véritable intérêt. J'ai pensé qu'une suite de leçons de morale, puisées dans les mœurs et les habitudes des plantes, pouvait devenir le sujet d'un ouvrage, dans un genre rapproché de celui de l'Apologue. J'ai fait part de mes idées à quelques personnes éclairées. Leur suffrage m'a encouragé dans un projet qui se conciliait parfaitement avec mes occupations, en même temps qu'il flattait mes goûts et souriait à mon imagination. En effet, combien de comparaisons agréables, d'images flatteuses, d'emblêmes intéressans, nous offre à chaque pas ce règne charmant dans lequel la nature a donné à ses merveilles tant de graces, de magnificence et de suavité!

« La Fleur, dit M. de Château-Briand, est la fille du matin, le charme du printems, la source des parfums, la grace des vierges, l'amour des poètes. Elle passe vîte comme l'homme, mais elle rend doucement ses feuilles à la terre. On conserve l'essence de ses odeurs; ce sont ses pensées qui lui survivent. Chez les anciens, elle couronnait la coupe du banquet et les cheveux blancs du sage; les premiers chrétiens en couvraient les martyrs et l'autel des catacombes. Aujourd'hui, et en mémoire de ces antiques jours, nous la mettons dans nos temples. Dans le monde, nous attribuons nos affections à ses couleurs; l'espérance à sa verdure, l'innocence à sa blancheur, la pudeur à ses teintes de roses. Il y a des nations entières où elle est l'interprête des sentimens; livre charmant qui ne cause ni troubles ni guerres, et qui ne garde que l'histoire fugitive des révolutions du cœur ».

Après avoir fait choix des Fleurs que je me proposais de traiter, j'ai examiné quel caractère moral on attribue à chaque Fleur en particulier; celles à qui on n'en a point encore attribué, je leur en ai prêté un d'après leurs formes, leurs couleurs, leurs propriétés, leurs instincts. Afin de jeter quelques ombres dans les tableaux, et de diversifier les préceptes, j'ai fait des unes l'emblême des vertus, et des autres le symbole des vices; j'ai cherché à les caractériser toutes par des attributions assez distinctes pour qu'aucune d'elles ne pût être confondue avec une autre, et j'ai varié avec soin l'objet, le ton, le style et jusqu'au rhythme de chaque sujet. Tel est le plan que j'ai suivi; le public jugera de l'exécution par l'essai que je lui présente.

Ce recueil composé de quinze Idylles choisies parmi beaucoup d'autres, m'a paru suffisant pour faire connaître le genre que j'ai adopté, et pour consulter le goût général. Si, d'après les observations qui me seront faites, je m'aperçois que mon projet est mal conçu, il sera tems encore de le réformer; peu avancé dans la route, il m'en coûtera moins de revenir sur mes pas.

J'ai donné à ces pièces le nom d'idylles, qu'il faut distinguer de celui de pastorales, quoiqu'on les confonde assez souvent. Le mot idylle, dans la langue grecque d'où il tire son origine, désigne une pièce détachée, qui renferme une image agréable, une petite peinture dans le genre gracieux.

Quelques Fleurs comprises dans ce premier recueil ont déjà été chantées plusieurs fois. La Violette et la Rose sont même des sujets épuisés; mais ils entraient nécessairement dans mon plan. Je n'ai pu éviter de me rencontrer de tems en tems avec mes devanciers, parce que les mêmes objets appellent naturellement les mêmes idées; mais, forcé de leur ressembler par le fonds, j'ai tâché au moins de différer d'eux par la forme; heureux si, dans cette lutte, je n'ai pas souvent décélé mon infériorité.

Il serait facile, je le sais, de semer dans quelques sujets pris isolément, un plus grand nombre de traits descriptifs ou moraux ; mais je me propose de chanter cinquante Fleurs : on me pardonnera sans doute de n'avoir pas voulu enrichir les unes aux dépens des autres ; d'ailleurs, moins j'ai de ressources, plus je suis obligé de les ménager.

On sentira sans peine, en lisant la *Grenadille* ou *Fleur de la Passion*, quel motif m'a engagé à ne pas lui donner place parmi les autres idylles. J'ai craint de mériter le reproche qu'on a justement adressé à Sannazar et au Camoens ; on eût trouvé peut-être de l'inconvenance dans ce rapprochement d'un sujet sacré avec des sujets mythologiques.

A la suite des idylles j'ai placé des notes qui leur sont relatives. Plusieurs amis, aux avis de qui je me ferai toujours un plaisir de déférer, m'ont engagé à donner ainsi séparément les détails que ne comporte pas la poésie. Ils ont pensé que l'analyse botanique des divers sujets que j'ai traités, aurait le double avantage de jeter quelque variété dans ce recueil; et, peut-être, d'inspirer aux jeunes personnes le goût d'une étude intéressante. Pour quelques-unes de ces descriptions, j'ai consulté nos deux dictionnaires d'histoire naturelle, ainsi que l'ouvrage intitulé *le Calendrier de Flore*, production agréable d'une dame qui aime la botanique, et qui la fait aimer par les réflexions morales et sentimentales dont elle sait animer ses descriptions.

Après les développemens qui se rattachent à la science, j'ai cité les noms, et souvent les ouvrages de quelques-uns des auteurs qui se sont exercés en vers sur les mêmes sujets; je ne me suis pas borné aux auteurs français: j'ai traduit des extraits de plusieurs poètes latins, notamment de notre Rapin et de l'Anglais Cowley; je me suis plu à rapprocher quelquefois ces deux chantres des jardins, afin de mettre en évidence la supériorité du premier sur son rival.

Si les bornes d'une Préface me permettaient d'entrer dans quelques détails, je saisirais ici l'occasion de démontrer que les Français qui ont cultivé la poésie latine, n'ont, dans cette partie de la littérature, été surpassés, ni même égalés par aucune des autres nations de l'Europe. Qu'on me permette du moins quelques observations pour prouver que mon opinion n'est pas le résultat d'une aveugle partialité.

L'Angleterre, à l'exception d'Owen, de Buchanan, de Cowley et de quelques autres en très-petit nombre, n'a rien à produire, en fait de poésie latine, qui soit au-dessus du médiocre. Le premier s'est borné à un volume d'épigrammes qu'on pourroit réduire à quelques pages. Le second (quoique ses pseaumes paraphrasés ne puissent être comparés aux hymnes de Santeul) présenterait, je l'avoue, à nos poètes une rivalité redoutable; mais il doit être plutôt compté parmi eux. En effet, venu très-jeune en France, il y perfectionna ses études; il y occupa successivement plusieurs chaires, et c'est chez nous qu'il composa ses meilleurs ouvrages.

Cowley a écrit sur les plantes un poëme considérable qui n'est pas sans mérite, et qui offre des détails intéressans et singulièrement variés; mais quelquefois le style en est âpre, les pensées ont quelque chose de sauvage qui tient peut-être au tems où l'ouvrage fut composé, et l'on sent qu'en écrivant en latin, l'auteur pensait en anglais. On y rencontre souvent des idées du plus mauvais goût. Qu'on en juge par celles-ci que je traduis fidèlement de la Tulipe; c'est la Fleur qui parle:

« (1) Je me souviens d'avoir vu dans les œuvres du poète Horace (car nous autres Fleurs nous lisons les poètes; aussi

(1) In libris (memini) vatis Horatii,
(Nam vates legimus natio Florea;
Nos vates redamant, nullaque cernitur
Florum gens studiosior)

les poëtes nous aiment, et personne, plus qu'eux, ne recherche les Fleurs), j'ai lu, dis-je, qu'un Romain, fameux par ses richesses, avait un jour trouvé cinq mille robes chez lui. Cinq mille robes lui paraissaient un luxe incroyable; eh bien! j'en ai deux fois autant...........

Lys éclatans de blancheur, et vous Roses pourprées qui vous enorgueillissez d'étaler journellement votre robe unique et surannée, j'ai pitié de vous. Un vêtement aussi modeste sied parfaitement aux savans; et si jamais il arrive que les Fleurs, dans un jardin, constituent une grave académie, oh, certainement vous y trouverez place!

Il y a loin de-là au style et au goût du père Rapin.

Pour donner de l'ensemble à son ouvrage, l'auteur suppose que Flore convoque à sa fête, et fait comparaître devant elle toutes les Fleurs, qui viennent se disputer l'empire des jardins. Ce plan qui a l'avantage de présenter une sorte d'action, et de rattacher à un centre

---

Quidam se chlamydum dives opum domi
Possedisse refert millia quinquies;
Ut magnum numerat millia quinquies:
  Vestes bis totidem mihi.

. . . .

Me vestrum miseret, candida Lilia,
Me vestrum miseret, purpureæ Rosæ,
Quas una atque eadem continuo facit
  Vestis trita beatulas.

Tam frugi studiis conveniunt togæ,
Et quandòque gravem germina Florida
Picto constituent horto academiam,
  Vobis non deerit locus.

commun les différens sujets, a l'inconvénient d'amener une fatigante monotonie: toutes les Fleurs viennent tour à tour exalter leurs attraits et leurs propriétés médicinales; d'ailleurs, on voit avec peine prétendre à la domination, et se donner à elles-mêmes des éloges outrés, la Violette et d'autres Fleurs dont l'obscurité et la modestie font le plus grand charme, et l'attribut essentiel. Mais j'oublie que je dois me borner à donner des aperçus rapides; cependant Cowley offrant des rapports plus directs avec mon ouvrage, j'ai pu entrer, relativement à lui, dans quelques détails. Passons aux poètes latins des autres nations.

Je ne ferai pas mention de ceux d'Allemagne, leur infériorité est trop généralement reconnue pour qu'il soit nécessaire de la prouver ici.

Je ne parlerai pas davantage des poètes d'Espagne, qui ne peuvent citer que Jean Second, né et vivant dans les Pays-Bas, dans le tems que cette contrée appartenait aux Espagnols. D'ailleurs, ses *Juvenilia* n'effacent point ceux de Muret ni de Théodore de Beze.

Les Italiens modernes sembleraient devoir soutenir la lutte avec plus de succès; le rapport de leur idiôme actuel avec celui des anciens Romains, devrait leur donner l'avantage sur nous, quand il s'agit de parler la langue poétique de leurs pères. Cependant quels sont leurs meilleurs poètes latins ? Pétrarque, dont le poëme de la guerre punique, intitulé *Africa*, depuis deux siècles n'a pas été lu, et dont les autres poésies latines sont fort au-dessous de ses poésies italiennes ; Faërne, auquel beaucoup de littérateurs préfèrent notre Desbillons, qui a de plus que lui le mérite d'avoir inventé le sujet de la plupart de ses fables ; Sannazar, qui avait plus de mémoire que de jugement et de goût, et dont l'ouvrage, *De partu Virginis*, n'est en grande partie qu'un assemblage de centons. Je ne conteste point à Vida un mérite réel ; mais je lui opposerai, outre ceux dont j'ai déjà fait mention, Vanière, La Rue, Commire, Sautel, le Card. de Polignac ; et si on me cite d'autres Italiens, tels que Fracastor, Noceti, Noel le Comte, je rappellerai Ménage, De Thou, le chancelier de L'Hospital, Milieu, les auteurs recueillis par d'Olivet, sous le titre de *Poemata Didascalica*, Coffin, Le Beau, Boscovich. Ce dernier, quoique né à Raguse, doit être compté parmi les Français, parce qu'il a achevé ses études en France, où il a vécu long-tems, et qu'il y a composé son poëme des Eclipses, infiniment supérieur à ceux du père Noceti sur l'arc-en-ciel et sur l'aurore boréale.

Je pourrais augmenter la liste, et accumuler les preuves; mais je crois en avoir assez dit pour faire voir qu'aucun des peuples modernes n'a possédé le génie de la poésie latine au même degré que les Français, soit que le goût en ait été maintenu chez eux par un enseignement plus suivi et mieux développé, soit que la France, qui a produit tant de chefs-d'œuvre dans sa propre langue, fût plus susceptible de sentir et d'imiter ceux que nous ont laissés Virgile, Horace et les autres grands poètes qui ont illustré le beau siècle de la littérature romaine.

Je demande pardon au lecteur de cette espèce de digression, et je finis en réclamant son indulgence pour les poésies diverses qui font partie de ce recueil. Dans le nombre des pièces fugitives que j'ai composées depuis long-tems, j'ai choisi celles que j'ai jugées le moins indignes de voir le jour, et j'ai donné la préférence aux morceaux dont le ton m'a paru se rapprocher davantage de celui des idylles. Si on y reconnaît quelquefois le cachet de la jeunesse, j'espère qu'on y trouvera du moins les mêmes principes de morale qui m'ont guidé dans les compositions d'un âge plus mûr ; car j'ai de bonne heure été convaincu que, même dans les productions les plus légères, le jeune homme ne doit jamais rien laisser échapper dont l'homme fait puisse avoir à rougir. C'est un témoignage que je puis me rendre, et qui me console de l'insuffisance de mon talent.

LES FLEURS,

IDYLLES MORALES.

IDYLLE PREMIÈRE.

LE BOUTON DE ROSE.

POUR former un trône aux Amours,
La terre a repris sa verdure;
Tout se ranime; et la Nature
Sourit à l'aspect des beaux jours.

Déjà plus d'une Fleur éclose
M'invite à chanter ses couleurs;
Mais, peut-on chanter d'autres Fleurs,
Quand on voit le Bouton de rose?

Le voici, le Fils du Printems!
Réveille-toi, jeune Bergère;
C'est à lui que ta voix légère
Doit consacrer ses premiers chants.

Tout s'embellit à sa présence;
Vois comme sous un ciel d'azur,
Le soleil, d'un rayon plus pur,
Semble signaler sa naissance!

Jeune Roi des fleurs d'alentour,
Il lève sa tête brillante
D'une rosée étincelante
Qui reflète les feux du jour.

Comme à son buisson tutélaire
Il s'abandonne mollement!
Ainsi repose un jeune Enfant
Bercé dans les bras de sa Mère.

Mais déjà, par d'heureux efforts,
Sa robe à demi déchirée
S'entr'ouvre... une feuille pourprée
Décèle ses brillans trésors.

Voyez-vous sa corolle humide
S'épanouir aux traits du jour?
Tel s'ouvre aux rayons de l'Amour
Le cœur d'une Vierge timide.

Faut-il qu'un précoce larcin
A périr en naissant l'expose !
Boutons d'innocence et de rose
Ont, hélas, le même destin !

Quand, sur sa tige maternelle,
La Rose commence à s'ouvrir,
Le Papillon et le Zéphir
Viennent voltiger autour d'elle.

S'il arrive qu'avant le tems
Une indiscrète main la cueille,
Pâle, inodore, elle s'effeuille,
Et perd ses volages Amans.

Ainsi quelquefois l'Imprudence
Flétrit l'objet de ses desirs;
Ainsi trop souvent nos plaisirs
Coûtent des pleurs à l'Innocence !

Toi, dont l'incarnat enchanteur
Offre une Fleur à peine éclose,
Jeune Eglé, veux-tu de la Rose
Conserver long-tems la fraîcheur ?

Songe qu'à cette Fleur si tendre
La Nature sut attacher
Une feuille pour la cacher,
Une épine pour la défendre.

IDYLLE II.

LA VIOLETTE.

Aimable Fille du Printems,
Timide Amante des bocages,
Ton doux parfum flatte mes sens,
Et tu sembles fuir mes hommages.

Comme le Bienfaiteur discret
Dont la main secourt l'Indigence,
Tu me présentes le bienfait,
Et tu crains la reconnaissance.

Sans faste, sans admirateur,
Tu vis obscure, abandonnée;
Et l'œil encor cherche ta Fleur
Quand l'odorat l'a devinée.

Sous les pieds ingrats du Passant
Souvent tu péris sans défense;
Ainsi, sous les coups du Méchant,
Meurt quelquefois l'humble Innocence.

Pourquoi tes modestes couleurs
Au jour n'osent-elles paraître?
Auprès de la Reine des Fleurs
Tu crains de t'éclipser peut-être?

Rassure-toi : même à la Cour,
La Bergère sait plaire encore :
On aime l'éclat d'un beau jour,
Et les doux rayons de l'Aurore.

N'attends pas les succès brillans
Qu'obtient la Rose purpurine;
Tu n'es pas la Fleur des Amans,
Mais aussi, tu n'as pas d'épine!

Partage au moins avec ta Sœur
Son triomphe et notre suffrage;
L'Amour l'adopte pour sa Fleur,
De l'Amitié sois l'apanage.

Viens prendre place en nos jardins,
Quitte ce séjour solitaire;
Je te promets, tous les matins,
Une eau limpide et salutaire.

Que dis-je?.... Non, dans ces bosquets
Reste, ô Violette chérie!
Heureux qui répand des bienfaits,
Et, comme toi, cache sa vie!

IDYLLE III.

LE SAULE PLEUREUR.

QUAND les Dieux prirent tous un arbre en apanage,
Alcide, nous dit-on, choisit le Peuplier;
Le Lierre pour Bacchus déploya son feuillage,
Apollon sourit au Laurier.

De la céleste Cour le Monarque suprême
Au Chêne décerna l'empire des forêts;
Minerve à l'Olivier dit : Tu seras l'emblême
De l'abondance et de la paix.

Le Myrte, des Amours devint l'heureux symbole,
Et fleurit, cultivé par la main des Plaisirs;
Amans infortunés, il vous resta le Saule
Pour confident de vos soupirs.

Son feuillage, toujours cher à la rêverie,
Offre un réduit propice aux Mortels malheureux;
Il aime à les couvrir de sa mélancolie;
On dirait qu'il pleure avec eux.

Les Oiseaux, recueillis sous sa pâle verdure,
De son tranquille abri n'osent troubler la paix;
Le Ruisseau qui l'arrose adoucit son murmure,
Et semble exprimer des regrets.

Oh! que j'aime à le voir, vers l'onde rembrunie,
Incliner mollement ses flexibles rameaux,
Comme, en cheveux épars, on nous peint l'Elégie
Soupirant auprès des tombeaux!

Saule cher et sacré, le deuil est ton partage;
Sois l'Arbre des regrets et l'asile des pleurs;
Tel qu'un fidèle Ami, sous ton discret ombrage,
Accueille et voile nos douleurs.

Des revers, des chagrins l'Homme est né tributaire;
Victimes, à leur tour, de la commune loi,
Ceux même à qui sourit le sort le plus prospère,
Viendront pleurer auprès de toi.

Sur la mort d'une Sœur, d'une Épouse ou d'un Père,
Qui de nous, à trente ans, n'a point encor gémi?
Quel est le froid Mortel dont l'ame solitaire
Ne regrette point un Ami?

Et toi, que du Plaisir la voix flatteuse engage,
Crédule Amant, jouis de ton bonheur d'un jour;
Le Myrte, en ce moment, te prête son ombrage :
Demain le Saule aura son tour.

IDYLLE IV.

LA PETITE MARGUERITE.

Toi qui de l'Innocence
As toute la fraîcheur,
Délices de l'Enfance
Dont tu sembles la sœur,
Marguerite fleurie,
Honneur de nos vallons,
Comme dans la prairie
Brille dans mes chansons.

Quand tu te renouvelles
Au retour des Zéphirs,
Combien tu me rappelles
De touchans souvenirs!
Fleur aimable et champêtre,
Mes premières amours,
Que ne vois-je renaître,
Avec toi, mes beaux jours!

Des mains de la Nature
Echappée au hasard,
Tu fleuris sans culture,
Et tu brilles sans art.
Telle qu'une Bergère,
Oubliant tes appas,
Sans apprêts tu sais plaire,
Et ne t'en doutes pas.

Souvent la Pastourelle,
Loin de son jeune Amant,
Se dit : M'est-il fidèle?
Reviendra-t-il constant?...
Tremblante elle te cueille;
Sous son doigt incertain
L'Oracle qui s'effeuille
Révèle son destin.

Ton sein que la froidure
Empêchait de s'ouvrir,
Lorsque le ciel s'épure,
Aime à s'épanouir.

Ainsi l'aimable Enfance,
Qu'intimide un Censeur,
Aux yeux de l'Indulgence
Ouvre son jeune cœur.

Oh! combien j'idolâtre
Ce joli bouton d'or,
Qui de rayons d'albâtre
Couronne son trésor!
Tes grâces virginales
Captivent le Zéphir,
Et j'ai vu tes rivales
De dépit en pâlir.

Loin des prés solitaires,
Etalant ses attraits,
Ta Sœur dans nos parterres
Va briguer des succès.
L'éclat d'un vain suffrage
Flatte sa vanité:
Mais un stérile hommage
Vaut-il l'obscurité?

Tel, souvent, pour la ville,
Un jeune Ambitieux
Fuit le champêtre asyle
Qu'habitaient ses Aïeux.
L'Insensé ! pour partage,
Aux pieds de la grandeur,
Il trouve l'esclavage
En perdant le bonheur !

Crois-moi : jamais n'envie
De plus brillans destins;
Fille de la prairie,
Fuis toujours les jardins.
Songe que l'on préfère,
Dans son modeste atour,
La naïve Bergère
Aux Nymphes de la Cour.

IDYLLE V.

LA ROSE.

Toi, que l'Amante de Céphale
A fait éclore de ses pleurs,
Et qui, dans l'empire des Fleurs,
Règnes sans avoir de rivale :

Toi, près de qui la Volupté
Captive le Zéphir volage,
Jeune Rose, reçois l'hommage
Que l'Amour doit à la Beauté.

Quelle fraîcheur céleste et pure
Embellit ton brillant réveil,
Lorsque ton calice vermeil
S'ouvre, et sourit à la Nature !

Hier encor, tendre bouton,
Semblable à la Vierge craintive
Qu'observe une Mère attentive,
Tu n'osais rompre ta prison :

Aujourd'hui, telle qu'une Reine,
Belle d'orgueil et de couleurs,
Tu parais... le peuple des Fleurs
A reconnu sa Souveraine.

Ton parfum est celui des Dieux;
Les pleurs de la Myrrhe et du Baume,
L'Ambre et l'odorant Cinnamome
N'ont rien d'aussi délicieux.

Les Grâces couronnent leurs têtes
De tes boutons à peine éclos,
Lorsque de Gnide ou de Paphos
Leur présence embellit les fêtes.

Vénus te mêle à ses cheveux,
L'Amour t'accepte pour offrande;
D'Hébé tu formes la guirlande,
Quand elle offre la coupe aux Dieux.

Souvent, des Maîtres de la lyre,
La Rose anime les concerts,
Et semble parfumer les vers
Que sa douce odeur leur inspire.

Vainement la froide Raison
Rejette la métempsycose;
Je crois respirer, dans la Rose,
L'ame du tendre Anacréon.

Quoi! si long-temps a-t-on pu croire
Qu'au sang du chasseur Adonis,
Elle doit ce frais coloris
Qui fait nos plaisirs et sa gloire?

Laissons-là le récit suspect
De l'Antiquité mensongère;
Sa naissance était un mystère,
Vénus m'a mis dans le secret.

Le jeune Fils de la Déesse
Folâtrait avec elle un jour:
O Belles! redoutez l'Amour,
Même quand sa main vous caresse!

De ses traits le perfide Enfant
Effleure le sein de sa mère;
Le sang divin rougit la terre,
Et la Rose brille à l'instant.

De son calice ouvert à peine
Vénus admire la fraîcheur ;
Et son baiser dote la fleur
Du parfum de sa douce haleine.

Mais pour laisser à l'Avenir
Les traces de son origine,
Elle voulut, par une épine,
En consacrer le souvenir.

Hélas ! sa beauté passagère
Naît et meurt presqu'au même instant ;
Ainsi s'éteint rapidement
Tout ce qui brille sur la terre !

Tendre Fleur, va, pardonne aux Dieux
Qui voulurent borner ton être ;
La Rose immortelle, peut-être,
Eût cessé de plaire à nos yeux !

De l'Homme telle est l'inconstance :
Il aime, il oublie en un jour ;
Et souvent on voit son amour
Durer moins que ton existence.

Si quelquefois tes faibles traits
Ont fait murmurer l'Imprudence,
Le charme heureux de la défense
Ajoute encore à tes attraits.

De la Beauté sois la parure :
Seule elle a droit de te cueillir ;
Et toi seule peux embellir
Le chef-d'œuvre de la Nature.

Relève de ton incarnat
Le trône où l'Amour se repose ;
Rose, sur le sein d'une Rose,
Va briller d'un nouvel éclat.

Si, dans les bras de mon amie,
La Mort un jour glaçait mon cœur,
Et, sous la forme d'une fleur,
Si je revenais à la vie ;

Fidèle à mon premier destin,
Pour elle encor je voudrais être ;
Et, Rose, on me verrait renaître,
Pour vivre et mourir sur son sein.

IDYLLE VI.

LE SOUCI.

Quel sujet pour mes chants aujourd'hui se présente?
Souci présomptueux, c'est toi qui viens t'offrir!
Crains d'éprouver bientôt qu'une audace imprudente
Souvent conduit au repentir.

Ne crois pas cependant que ma Muse sévère,
A de vains jeux de mots immolant la Raison,
Pour te rendre odieux, par un art trop vulgaire,
Prétende abuser de ton nom.

De la triste Équivoque ordinaire victime,
Que d'autres, saisissant un double sens banal,
Te forcent d'aiguiser la misérable rime
D'un insipide madrigal;

J'abandonne aux rigueurs de leurs Belles glacées
Ces faux Esprits qui vont leur offrant chaque jour,
Dans leurs bouquets en vers, des *Soucis*, des *Pensées*,
Sot tribut d'un plus sot amour.

Mais, quand je venge ici le bon sens qu'on outrage,
N'attends pas que, pour toi, blessant la vérité,
J'aille te caresser du ridicule hommage
Que reclame ta vanité.

Penses-tu m'éblouir de ta triste parure?...
Sans mérite à mes yeux, par quel attrait, dis-moi,
Peux-tu me captiver, quand ton odeur impure
Sans cesse m'éloigne de toi?

Admis dans nos jardins, par grâce ou par caprice,
Ta présence à nos fleurs prête un charme de plus,
Ainsi que, parmi nous, le contraste du vice
Donne plus d'éclat aux vertus.

Tu vois l'Ami de Flore, errant dans son parterre,
Toujours auprès de toi passer avec dédain;
Et la Beauté, jamais de ta fleur solitaire
N'a paré sa tête ou son sein.

Lorsqu'à l'envi tes Sœurs, par d'aimables images,
Nous retracent par-tout les Grâces, les Plaisirs,
Tu n'offres à l'esprit que de tristes présages,
Ou de pénibles souvenirs.

Veuve de son Amant, quand jadis Cythérée
Mêla ses pleurs au sang de son cher Adonis,
Du sang, naquit, dit-on, l'Anémone pourprée,
Des pleurs naquirent les Soucis.

Un jour, auprès d'Enna, dans les vertes campagnes,
La fille de Cérès avait porté ses pas;
Sur le gazon fleuri, ses folâtres compagnes
Se livraient à leurs doux ébats :

La Déesse, en rêvant, s'avançait... mais à peine
L'Imprudente a sur toi marché d'un pied distrait,
Soudain, Pluton, traîné par ses coursiers d'ébène,
La voit, l'enlève, et disparaît.

Ta tête safranée, en vain, pour me séduire,
Etale avec orgueil son disque enrichi d'or;
Ce luxe, que peut-être un lourd Midas admire,
Auprès de moi t'accuse encor.

Oui, semblable au métal que sa couleur rappelle,
Ta fleur n'a, comme lui, qu'un éclat imposteur;
Elle infecte la main qui veut s'emparer d'elle,
Ainsi que l'Or corrompt le cœur.

Trop heureux les Mortels, si ce métal funeste,
Par une main coupable à la terre arraché,
Dormait encore aux lieux où la Bonté céleste
Loin de nos yeux l'avait caché !

IDYLLE VII.

LA BELLE DE NUIT.

Solitaire Amante des nuits,
Pourquoi ces timides alarmes,
Quand ma Muse, au jour que tu fuis,
S'apprête à révéler tes charmes?
Si, par pudeur, aux indiscrets
Tu caches ta fleur purpurine,
En nous dérobant tes attraits,
Permets du moins qu'on les devine.

Lorsque l'Aube vient éveiller
Les brillantes Filles de Flore,
Seule, tu sembles sommeiller
Et craindre l'éclat de l'Aurore.
Quand l'ombre efface leurs couleurs,
Tu reprends alors ta parure;
Et, de l'absence de tes Sœurs,
Tu viens consoler la Nature.

Sous le voile mystérieux
De la craintive Modestie
Tu veux échapper à nos yeux,
Et tu n'en es que plus jolie.
On cherche, on aime à découvrir
Le doux trésor que tu recèles ;
Ah ! pour encor les embellir
Donne ton secret à nos Belles !

Discret témoin, tu vois venir
Quelquefois la jeune Bergère ;
Comme toi, son cœur, pour s'ouvrir,
Demande l'ombre et le mystère.
Dis-nous combien de fois l'Amour
Sut dérober, dans le silence,
Un soupir qu'à l'astre du jour
N'osait confier l'innocence.

Tu réunis, loin des jaloux,
Souvent un couple heureux et tendre ;
Lorsque, le soir, au rendez-vous
En secret Phébé doit se rendre,

Endymion impatient
T'accuse de sa longue attente ;
Il sait que ta fleur, en s'ouvrant,
Doit lui signaler son Amante.

Mais, ainsi que l'Amour, hélas,
Le Crime veille aussi dans l'ombre !
Si le Méchant portait ses pas
Vers ton séjour paisible et sombre,
Ah, dérobe-lui tes trésors !
Et que la ronce âpre et sauvage,
Symbole des tristes remords,
Seule l'assiége à son passage.

Mais, lorsqu'au milieu de la nuit
La Bienfaisance solitaire,
Près de toi se glisse sans bruit
Pour visiter l'humble chaumière ;
Incline-toi, charmante Fleur !
Répands sur sa marche empressée
Un parfum pur comme son cœur,
Céleste comme sa pensée !

IDYLLE VIII.

LE CHARDON.

En quoi! tu braves mes dédains,
Chardon stérile et parasite!
Dans mes vers, comme en nos jardins,
C'est donc en vain que je t'évite?

Quand, pour chanter ses doux trésors,
Mainte Fleur m'appelle et m'inspire,
Pourquoi, jaloux de mes accords,
Viens-tu t'emparer de ma lyre?

Je sais qu'un magique talent
Peut embellir les moindres choses;
Le Génie a, dit-on, souvent
Des Chardons fait naître des Roses.

Mais, que d'Auteurs ont cru leur nom
Inscrit au temple de Mémoire,
Qui n'ont recueilli qu'un Chardon,
Au lieu des palmes de la Gloire!

Cérès te craint pour ses moissons,
Et de sa Cour Flore t'exile;
Heureux encor, près des buissons,
De trouver un obscur asile!

Ainsi qu'on délivre un jardin
De ta racine usurpatrice,
Que ne peut-on, du cœur humain,
A jamais extirper le vice!

Vainement tes pinceaux pourprés
M'offrent leur sauvage richesse;
Loin de toi tes dards acérés
Semblent me repousser sans cesse.

A tout ce luxe peu flatteur
Qu'une triple garde environne,
Je préfère l'aimable fleur
Qui plaît et n'offense personne.

Lorsque, par hasard, sur ton sein
Se place une Abeille novice,
Loin de t'opposer au larcin,
Ta fleur s'y prête avec délice;

Mais, de ce triomphe usurpé
A peine s'énorgueillit-elle,
Soudain, confus et détrompé,
L'Insecte fuit à tire d'aile.

Aux accès d'un mal dévorant
On dit qu'Esculape t'oppose;
Soit : mais, chez nous, sans l'agrément,
L'utile, hélas, est peu de chose!

Il faut, de l'âpre austérité
Effacer jusqu'aux moindres traces;
Le Sage, pour être écouté,
Toujours doit courtiser les Grâces.

Que la Rose, de quelques traits,
Déchire la main qui l'outrage,
Des maux que son épine a faits
Sa fleur bientôt nous dédommage.

Mais toi, sans doute, à nous charmer,
Comme elle, tu ne peux prétendre;
Et qu'est-il besoin de s'armer
Lorsque l'on n'a rien à défendre?

A la belle et modeste Fleur
J'aime à voir un peu de scrupule;
Mais ce qui chez elle est pudeur,
Chez toi n'est plus qu'un ridicule.

Aussi, quand d'un sein virginal
La Rose forme la parure,
D'un lourd et stupide Animal
Ton sort est d'être la pâture.

IDYLLE IX.

L'ŒILLET.

Quelle essence, quelle ambroisie
Autour de moi remplit les airs?
Des plus doux parfums de l'Asie
Les trésors me sont-ils ouverts?
Suis-je sur les heureux rivages
Où le frais Elisée, aux sages
Offre ses odorans bosquets?
Suis-je dans la céleste troupe
Admis à partager la coupe
Qui circule aux divins banquets?

Aimable Œillet, c'est ton haleine
Qui charme et pénètre mes sens;
C'est toi qui verses dans la plaine
Ces parfums doux et ravissans.
Les esprits embaumés qu'exhale
La Rose fraîche et matinale

Pour moi sont moins délicieux ;
Et ton odeur suave et pure
Est un encens que la Nature
Elève en tribut vers les Cieux.

Naguère, tristement penchée
Vers le sol qu'elle orne aujourd'hui,
Ta tige, faible et desséchée,
Semblait implorer un appui.
Son tendre bouton, pour éclore,
Vainement invoquait l'Aurore
Et les caresses du Zéphir ;
Victime de l'insecte avide,
Il allait, sur un sol aride,
Expirer avant de s'ouvrir.

Ainsi l'Enfant que la Nature
Combla des plus rares présens,
N'est rien encor, si la culture
Ne vient féconder ses talens.
Œillet fané dès sa naissance,
Dans la nullité de l'enfance

Toujours il reste enseveli ;
Et, né pour s'illustrer peut-être,
L'Infortuné, sans se connaître,
Vit obscur, et meurt dans l'oubli.

Bientôt, à ta frêle jeunesse
Je prodiguai les plus doux soins ;
Un Père, avec moins de tendresse,
De son Fils prévient les besoins.
Loin de toi, ma main protectrice
Exila l'herbe usurpatrice
Qui s'opposait à ton essor ;
Et, jusqu'en son secret asile,
Je poursuivis l'impur reptile,
Fléau de ton jeune trésor.

Comme on voit l'Aurore naissante
Lentement dévoiler les cieux,
Enfin ta corolle brillante
Par degrés s'entr'ouvre à mes yeux.
Tu ceins une triple couronne ;
Devant l'éclat qui t'environne

L'orgueil du Lys s'est abaissé ;
Et Flore elle-même, incertaine,
Admire, et reconnaît à peine
Le fils qu'elle avait délaissé.

Mais, ô Dieux ! quel charmant prestige !...
Par un doux et tendre retour,
A mon approche, sur ta tige,
Je te vois tressaillir d'amour !
D'un plus vif éclat animée,
Vers moi, ta coupe parfumée
Incline doucement sa fleur ;
Elle devine ma présence
Sans doute, et la Reconnaissance
Lui révèle son Bienfaiteur.

Vous, à qui sourit la Fortune,
Et qu'égarent de vains desirs,
Sortez de la route commune,
Et connaissez les vrais plaisirs.
Voyez-vous ce champêtre asile ?
Là, peut-être, un nouveau Virgile

Pour éclore attend vos secours ;
Peut-être un autre Démosthène,
Par vous, de l'éloquente Athène
Va nous rappeler les beaux jours.

Condé, de nos Muses naissantes
Daignait encourager la voix,
Et les Muses reconnaissantes
De Condé chantaient les exploits.
Au nom de ce Héros illustre,
Aimable Œillet, d'un nouveau lustre
Tu t'élèves énorgueilli ;
Ta tête, en ce moment plus fière,
S'applaudit de la main guerrière
Qui l'arrosait à Chantilly.

Cultivez la Plante orpheline
Qui s'offre à vos soins bienfaisans ;
Sans doute le ciel la destine
A couronner vos cheveux blancs.
Vous verrez son jeune calice,
Aux rayons d'un soleil propice

Bientôt déployer ses attraits;
Et, même encor dans la vieillesse,
Vous jouirez avec ivresse
De sa gloire et de vos bienfaits.

Songez aussi qu'un temps peut naître
Où vous connaîtrez le malheur;
Votre Pupille alors, peut-être,
Sera votre consolateur.
Lorsqu'une Reine infortunée,
Dans un cachot abandonnée,
Du sort épuisait la rigueur,
Messager discret et fidèle,
Un Œillet fit encor pour elle
Briller un rayon de bonheur!

Toi, dont jadis la main chérie
M'ouvrit la carrière des arts,
Si, de ta céleste patrie,
Tu baisses vers moi tes regards,
Daigne sourire à ton ouvrage;
De mon talent reçois l'hommage,

S'il est quelque talent en moi ;
Emule de ta bienfaisance,
Puissé-je un jour rendre à l'Enfance
Ce qu'Enfant, j'ai reçu de toi !

IDYLLE X.

LE BOUTON D'OR.

VOIS, mon Fils, ce Bouton charmant
Que Zéphir berce de son aile;
Comme il étale, en s'inclinant,
L'or dont sa corolle étincelle!

Il semble dire : Viens à moi,
Bel Enfant, je suis ton image;
Ma fleur, naïve comme toi,
Est l'attribut de ton jeune âge.

Mais, ô mon Fils, n'approche pas!
Cette Sirène enchanteresse
Est le symbole des ingrats;
Elle offense qui la caresse.

Ce joli Bouton satiné,
Qui sourit comme l'Innocence,
Recèle un suc empoisonné,
Et souvent blesse l'Imprudence.

Des piéges d'un Monde inconnu
Apprends, mon Fils, à te défendre;
Tel nous montre un front ingénu,
Qui ne cherche qu'à nous surprendre.

Un jour, peut-être, tu verras
Plus d'une séduisante Armide;
Rappelle-toi que leurs appas
Cachent souvent un cœur perfide!

Mais, quoi! je vois couler tes pleurs;
Et ta craintive défiance,
Des Humains, ainsi que des Fleurs,
Semble redouter la présence!

Va, dans le monde, il est encor
Des ames pures, bienfaisantes;
Pour un perfide Bouton d'or,
Il est mille Fleurs innocentes.

Regarde, et calme tes regrets;
Près de ce Bouton hypocrite,
Flore a pour toi fait naître exprès
La simple et douce Marguerite.

Ainsi puisses-tu rencontrer,
Dans la carrière de la vie,
De vrais Amis pour t'éclairer;
Et, pour être heureux, une Amie!

IDYLLE XI.

L'HORTENSIA.

Reçois de ma Muse un coup-d'œil,
Et n'accuse plus son silence,
Brillante Fleur, toi dont l'orgueil
Se pare du beau nom d'Hortense.
Malgré ton éclat si vanté,
N'attends de moi rien davantage ;
J'admire, en passant, la beauté,
Le mérite a seul mon hommage.

Pour fixer nos regards séduits,
Tes diverses métamorphoses
Tour-à-tour nous offrent les Lys,
Les Violettes et les Roses.
Mais quand Flore a voulu former,
Pour nos jardins, une Pandore,
Elle oublia de l'animer ;
Ta fleur, hélas, est inodore !

Je sais que depuis les boudoirs,
Et les salons de l'opulence,
Jusqu'aux plus modestes comptoirs,
Tout s'embellit de ta présence.
Ainsi, grâce à l'esprit du jour,
Quelquefois un Fat s'accrédite;
Et jadis on vit à la Cour
Plus d'un Favori sans mérite.

Dans l'empire de la Beauté,
Telle Femme que l'on renomme,
A la mode, à la nouveauté,
Quelquefois aussi doit la pomme.
Mais quand le prestige est détruit,
Elle perd sa gloire factice;
Et le Caprice lui ravit
Ce qu'elle tenait du Caprice.

Règne aujourd'hui par tes attraits,
O Fleur qu'un goût volage encense!
Jouis de tes brillans succès,
Mais redoute notre inconstance.

Par une autre Fleur, à ton tour,
Tu verras, bientôt détrônée,
Que, chez nous, l'Idole du jour
Le lendemain est surannée.

D'un triomphe peu mérité
Ainsi bientôt l'éclat s'efface ;
Ainsi la stérile beauté
Expire, sans laisser de trace.
Mais des vertus et des talens,
La gloire n'est point éphémère ;
Comme la Rose, en tous les temps,
Le vrai Mérite est sûr de plaire.

IDYLLE XII.

LA COURONNE IMPÉRIALE.

JUNON que de Minerve irritait la naissance,
Aux champs d'Olène, un jour, dans un morne silence,
Errait, lorsqu'une Fleur s'offrit à ses regards;
Elle approche, s'incline; à peine vers la tige
Elle étend la main, ô prodige!
La Déesse à l'instant voit naître le dieu Mars.

O toi, Plante féconde et trop long-tems obscure,
Sois ma Fleur, dit Junon; tu venges mon injure,
Je veux à ton bienfait égaler mes faveurs.
Du pouvoir souverain sois à jamais l'emblême;
Reçois de moi le diadême;
Je règne sur les Dieux: toi, règne sur les Fleurs.

Mais ce n'est point assez: ma suprême puissance,
Arbitre des grandeurs que seule elle dispense,
Te prépare un triomphe encor plus glorieux.
Puisqu'aujourd'hui de Mars je te dois la naissance,

Toi-même un jour, pour récompense,
Ceindras d'un autre Mars le front victorieux.

A ces mots, au sommet de la verte colonne
Junon suspend de fleurs une double couronne,
Dont Zéphir vient bercer le mobile trésor.
La Déesse sourit à ce noble assemblage,
Et, pour achever son ouvrage,
Se plaît à l'enrichir d'azur, de pourpre et d'or.

Je te salue, ô Fleur, orgueil de la Nature!
Avec quelle fierté, du sein de la verdure,
S'élance vers le ciel ton front majestueux!
Ta richesse, ton port, ta couleur, ton nom même,
Annonce en toi le rang suprême;
Digne attribut des Rois, tu dois régner comme eux.

Remplis ta destinée; auguste Impériale,
Viens, Flore a préparé ta pompe triomphale,
Et prend pour te fêter son plus brillant atour.
De tes aimables Sœurs déjà les colonies
A sa voix se sont réunies
Pour proclamer leur Reine et composer ta Cour.

Au décret de Junon qui t'appelle à l'empire,
Leurs états assemblés s'empressent de souscrire;
Eh! contre un si beau choix, qui pourrait réclamer?
Parmi toutes les Fleurs que le Printems nous donne,
Seule, tu formes la couronne
Que mille autres ensemble auraient peine à former.

Lorsque, dans nos jardins que ta tête domine,
Chacun de tes fleurons avec grâce s'incline
Vers les jeunes tribus soumises à tes lois,
Qui pourrait méconnaître un Roi dont la prudence
Veille sur un empire immense,
Et qui voit, d'un regard, tout son peuple à-la-fois?

Plus d'une Fleur jalouse, à ton aspect, soupire;
La Rose vainement, par un léger sourire,
De la Reine des Dieux semble approuver le choix:
Elle pleure, en secret, sa gloire fugitive;
Son dépit, sa rougeur moins vive,
Attestent sa défaite, et confirment tes droits.

Que dis-je?... moins superbe, et peut-être aussi belle,
La Rose, de l'Amour apanage fidèle,

Peut-elle voir jamais expirer ses honneurs ?
Non ; la fleur de Vénus t'applaudit sans alarmes,
Et, Reine encore par ses charmes,
T'abandonne le sceptre, et partage les cœurs.

Mais, veux-tu qu'à jamais ton règne soit durable ?
Emprunte son secret : comme elle, sois aimable ;
Par l'amour seulement un trône est affermi.
Crains d'éprouver le sort des Maîtres de la terre :
On les admire, on les révère,
Hélas, et trop souvent, ils n'ont pas un Ami !

Même au sein de ta Cour, toujours simple et discrette,
Envers la fleur des champs, aujourd'hui ta sujette,
Garde-toi d'affecter de superbes mépris.
Fille du même sol, tu passeras comme elle ;
Les vents d'Automne, d'un coup-d'aile,
Un jour, avec les siens, confondront tes débris.

Me trompé-je ?.. je crois, au pied de ta colonne,
Voir des larmes tomber !... auguste Fleur, pardonne :
Des larmes !.. en est-il au faîte des grandeurs ?
Des Souverains du monde image trop fidèle,

Par toi leur secret se révèle;
Hélas, leurs yeux aussi récèlent donc des pleurs !

Quand leur Peuple, ébloui d'une apparence vaine,
Leur envie un bonheur qu'ils connaissent à peine,
Les chagrins, avec eux, sont assis sous le dais.
De la mort, à leur tour, ils sont les tributaires;
Apprenez, ô Mortels vulgaires,
A souffrir sans murmure, à mourir sans regrets.

IDYLLE XIII.

LE NARCISSE.

Depuis long-temps, à te chanter
Tu sembles en vain m'inviter :
Jeune et beau Narcisse, pardonne;
On néglige parfois celui
Qui, pour ne songer qu'à lui,
Jamais ne songe à personne.

Sans doute, à ta suave odeur,
A ton éclat, à ta fraîcheur,
Nous devons rendre un juste hommage;
Mais, satisfait de nous charmer,
Si tu semblais moins t'aimer,
On t'aimerait davantage.

Souvent j'ai vu dans les cités,
Parmi nos superbes Beautés,
Triompher l'humble Pastourelle;
A peine elle osait se montrer :
Être belle et l'ignorer,
Ah, c'est être deux fois belle!

La jeune Écho t'offrit sa foi ;
Au cœur qui se donnait à toi,
Ingrat, tu préféras tes charmes !
L'Amour se vengea par ta mort ;
Et nul Amant sur ton sort
N'a daigné verser des larmes.

Hélas ! dans ton aveugle erreur,
Tu ne connus pas le bonheur
Que l'on éprouve quand on aime ;
L'Homme de lui seul amoureux,
Ne sait point faire d'heureux,
Et n'est point heureux lui-même.

La Parque en vain trancha tes jours ;
Sous une autre forme, toujours
Tu gardes ton fatal délire ;
Fidelle amante des ruisseaux,
Ta fleur, sur le bord des eaux,
Se cherche encore, et s'admire.

Ton front, riche d'albâtre et d'or,
A beau s'applaudir du trésor

Qu'il étale avec complaisance ;
Tu ne rappelles désormais,
  Malgré tes brillans attraits,
  Que la triste indifférence.

Victime d'une folle ardeur,
Tu peux du moins, par ton malheur,
Instruire et corriger nos Belles ;
Inspire un salutaire effroi
  A celles qui, comme toi,
  Ne savent rien aimer qu'elles.

Oh ! si les Narcisses nouveaux
Pouvaient, dans le cristal des eaux,
De leur âme entrevoir l'image,
Épouvantés de leur laideur,
  Moins d'amour que de douleur,
  Ils mourraient sur le rivage.

IDYLLE XIV.

L'AMARANTHE.

De nos jardins l'émail se décolore ;
Sous les baisers des amoureux Zéphyrs,
Mes yeux à peine ont vu les fleurs éclore ;
Tout meurt, hélas ! et les présens de Flore
N'ont qu'un instant, ainsi que nos plaisirs !

Peuples brillans, aimables Colonies,
Qu'est devenu ce luxe oriental
Dont se paraient vos tribus réunies ?
Vous expirez, vos corolles ternies
De leurs débris jonchent leur sol natal.

De loin en loin, quelques fleurs isolées
Ornent encor nos parterres flétris,
Comme, au milieu des voûtes écroulées,
Une colonne, une tour mutilées,
Semblent survivre aux monumens détruits.

Je t'aperçois, belle et noble Amaranthe!
Tu viens m'offrir, pour charmer mes douleurs,
De ton velours la richesse éclatante;
Ainsi la main de l'Amitié constante,
Quand tout nous fuit, vient essuyer nos pleurs.

Ton doux aspect, de ma lyre plaintive
A ranimé les accords languissans;
Dernier tribut de Flore fugitive,
Elle nous lègue, avec ta fleur tardive,
Le souvenir de ses premiers présens.

Tel un Ami qu'entraîne un long voyage,
De loin encor tournant les yeux vers nous,
De ses regrets nous offre un dernier gage;
Et, de la main, tendre et muet langage,
Nous dit: Adieu; mon cœur reste avec vous.

Ainsi que moi, l'Année à ta présence
Semble renaître, alors que dans nos champs,
De trois saisons confondant la nuance,
Tu viens former une heureuse alliance
Entre l'Été, l'Automne et le Printems.

Lorsque les ans, dont la fuite me presse,
De mon été signaleront la fin,
Ah! viens aussi couronner ma vieillesse;
Retrace-moi ma riante jeunesse,
Et de mes jours joins l'aurore au déclin.

Aimable Fleur, sous tes heureux auspices,
Je braverai les outrages du tems.
Si les beaux jours nous offrent des prémices,
L'Automne aussi, l'Automne a ses délices;
Anacréon aimait en cheveux blancs.

Q'importe l'âge? En vain l'Adolescence
Se berce, hélas, de rêves enchanteurs;
Souvent le sort trahit son espérance;
Et, sur la tombe où repose l'Enfance,
Plus d'un Vieillard vient répandre des pleurs.

Si, dans les bois, la feuille d'une année,
Sur le rameau qu'elle a paré long-tems,
Jaunit et meurt, par l'Automne fanée,
Des vents jaloux l'haleine empoisonnée
Détache aussi la feuille du Printems.

Comme un éclair, l'instant qui vient d'éclore
Va m'échapper; mais l'arrière-saison
Pourra m'offrir quelques beaux jours encore;
S'il faut vieillir, auprès d'une autre Aurore,
Je veux du moins vieillir comme Tithon.

Des jeunes Fleurs que le Printems nous donne,
Jouissons donc dans la saison d'amour;
Et, si le Tems chaque jour les moissonne,
Consolons-nous en songeant que l'Automne
Nous offrira son tribut à son tour.

IDYLLE XV.

L'IMMORTELLE.

O toi que l'Amitié fidelle
Réclame pour son attribut,
Fleur simple et durable comme elle,
Préside aux accords de mon luth !
Symbole heureux de la constance,
Quand je te chante, inspire-moi ;
Et puissent, pour ma récompense,
Mes vers durer autant que toi.

L'Automne a fui : dans nos vallées
L'Hiver ramène les frimas ;
Déjà les Grâces désolées
Ont cessé d'y porter leurs pas.
En nous quittant, Flore te laisse,
Pour nous consoler des beaux jours ;
Ainsi, quelquefois la Vieillesse
Dérobe une fleur aux Amours.

Au Printems, quand j'ai vu renaître
Cent Beautés rivales d'attraits,
Pardonne ; je ne t'ai peut-être
Donné que des regards distraits.
Mais l'Hyacinthe parfumée
M'offrait tant d'appas réunis ;
Et, dans l'Anémone enflammée,
Je voyais renaître Adonis !

L'Auricule, la Primevère,
Tour-à-tour obtinrent mes vœux ;
Près de la Tulipe éphémère,
Quelques momens je fus heureux.
Au fond d'une obscure retraite,
Je crus voir briller un Saphir :...
A l'humble et douce Violette,
Qui peut refuser un soupir ?

Ainsi, dans l'empire de Flore,
Promené par la Volupté,
J'offrais, dès la naissante Aurore,
Un tribut à chaque Beauté.

Mon inconstance allait, peut-être,
Vers toi décider mon retour ;
Mais la Rose vint à paroître ;
Avec elle parut l'Amour !

Je la vis, et ne vis plus qu'elle.
Que de parfums ! que de fraîcheur !
Les Dieux, en la voyant si belle,
Étaient jaloux de mon bonheur.
Tant d'éclat s'éclipsa bien vîte !...
Fragile Amante des Zéphirs,
L'Automne emporta dans sa fuite,
Et tes trésors, et mes plaisirs !

Que dis-je ?... Brillante Immortelle,
Je n'ai rien perdu.... Je te voi....
Une Fleur d'un jour devrait-elle
M'occuper encor près de toi ?
Lorsqu'à la Rose, en ta présence,
J'offre des regrets superflus,
Pardonne à la reconnaissance ;
Tu vis.... ta rivale n'est plus !

Mais, si des amours de passage
Long-tems ont captivé mon choix,
Désormais, devenu plus sage,
Sur mon cœur je te rends tes droits.
Tel, souvent, pour une Maîtresse,
L'ami fidèle est oublié ;
Mais quand l'Amour, hélas, nous laisse,
Nous revenons à l'Amitié !

Oui, d'un trop séduisant délire
J'abjure les égaremens ;
Immortelle !... ton nom m'inspire
Des soins plus nobles et plus grands.
Dans la carrière de la gloire,
Je veux m'essayer à mon tour ;
Et, pour le temple de Mémoire,
Je quitte celui de l'Amour.

Viens donc orner ma solitude,
O Fleur que j'adopte aujourd'hui !
Fixe ma vague inquiétude,
Et loin de moi chasse l'ennui.

Je me voue à toi sans partage ;
Mais, crois-moi, malgré mes sermens,
Malgré mes vœux et mon hommage,
Ah, redoute encor le Printems !

FIN DES IDYLLES.

NOTES SUR LES IDYLLES.

Je demande à mes lecteurs la permission de placer ici quelques notes sur les idylles. Elles renfermeront d'abord une courte explication botanique sur chacune des plantes que j'ai traitées poétiquement ; en second lieu, des développemens sur quelques traits anecdotiques auxquels j'ai fait allusion ; et enfin des citations puisées dans quelques-uns des auteurs qui se sont exercés sur le même sujet.

NOTES SUR L'IDYLLE PREMIÈRE.

LE BOUTON DE ROSE.

J'ai cru devoir traiter séparément le Bouton de rose et la Rose. Néanmoins, les notes devant leur être communes, je les renvoie à l'idylle V (la Rose).

Je vais seulement citer ici deux morceaux qui me paroissent avoir un rapport plus direct avec le Bouton.

Le jésuite Rapin, dans son Poëme des Jardins, écrit dans la langue, et souvent dans le style de Virgile, peint ainsi le moment où la Rose commence à s'ouvrir :

Unde autem cœlum insolitos aspirat odores ?
Non fallor : Zephiri favet aura, rosaria florent,
Ipsa rubent spineta, novos meditata colores.
Purpuream jam dumus agit de vertice glandem
Floris odoriferi ; plebeii cedite flores,
Hortorum regina suos ostendit honores,
Præ quâ puniceis ardens Aurora quadrigis
Palleat, atque suos confundat Delia vultus.
Sed quæ se hesterno nondum Rosa credere soli
Audebat, nexus omnes atque omnia rumpit
Vincla, premi impatiens, et germine turget aperto.

« Quels parfums s'exhalent dans les airs ? Ah ! je les reconnais. Sous l'haleine des Zéphirs amoureux, les Rosiers vont fleurir, leurs buissons rougissent, et se préparent à déployer les couleurs les plus brillantes. Déjà ces masses de verdure se couronnent de petits glands pourprés, qui seront bientôt autant de Roses odorantes. Disparaissez, fleurs vulgaires! la Reine des jardins se montre environnée de toute sa splendeur. Auprès d'elle pâlirait l'Aurore sur son char vermeil, et la sœur du Dieu du jour s'éclipserait de jalousie. Hier, bouton naissant, elle n'osait encore confier au jour ses timides attraits; aujourd'hui, impatiente de sa prison, elle déchire les langes qui la captivaient, et développe en liberté ses flancs arrondis ».

Voyons maintenant la Rose naissante, embellie d'idées morales par M. De Leyre, dans les stances suivantes :

Vous dont la gloire est d'être belle,
D'un sexe aimable jeune fleur,
Prenez la Rose pour modèle;
Son éclat naît de sa pudeur.

Cet ornement de la nature
Se cache sous un arbrisseau,
Et pour garder sa beauté pure,
Arme d'épines son berceau.

Riche des présens de l'Aurore,
Tant qu'elle fuit le Dieu du jour,
Moins on la voit, plus on l'honore;
La sagesse enflamme l'amour.

L'oiseau qui voit naître la Rose,
La chante au lever du soleil;
L'abeille vole et se repose
Au sein de son bouton vermeil.

Mais si, dès qu'elle vient d'éclore,
La main furtive de l'Amour
L'enlève aux caresses de Flore,
Sa beauté ne vivra qu'un jour.

Ah! puissent l'amant qui l'admire,
L'oiseau qui la chante au matin,
Le ruisseau, l'abeille et Zéphire,
La retrouver le lendemain!

NOTES SUR L'IDYLLE II.

LA VIOLETTE (*Viola odorata*, Linn.).

La Violette est une plante frilleuse et hâtive, qui s'élève à peine de terre sur une faible tige. Elle croît par touffes le long des haies, à l'abri des arbres et des buissons, qui la protègent contre les injures de l'air. Des feuilles légèrement dentelées et arrondies la garantissent d'un soleil trop ardent. Sa fleur, composée de cinq pétales, est d'une belle couleur pourprée ou bleue, tirant sur le noir, et répand au loin une odeur fort douce et très-agréable. Quelquefois aussi elle orne les parterres; la culture la rend double aux dépens de ses étamines, qui deviennent des pétales.

La chimie doit à la Violette une teinture utile; la médecine, des sirops adoucissans. C'est une Violette étrangère qui nous fournit le purgatif précieux connu sous le nom d'*ipécacuanha*.

Il manquerait quelque chose au printems, si on lui ôtait la Violette. Son nom rappelle des idées de grâce et de modestie. Les poètes anciens et modernes ont consacré à cette fleur les plus aimables chants. Camérarius, Mélancthon, Gruter, Sautel, De Thou, lui ont payé un juste tribut d'éloges. Ange Politien l'a célébrée dans une charmante idylle latine. Pour ne pas priver le lecteur, de ce morceau, que son étendue ne me permet pas de citer ici, je prends le parti de le renvoyer à la fin du volume, avec quelques autres pièces du même genre.

Les recueils consacrés à la poésie française, offrent une foule de pièces très-gracieuses sur le même sujet. Tout le monde connaît ces jolis vers de la Guirlande de Julie :

Modeste en ma couleur, modeste en mon séjour,
Franche d'ambition, je me cache sous l'herbe ;
Mais si, sur votre front, je puis me voir un jour,
La plus humble des fleurs sera la plus superbe.

REGNIER-DESMARAIS.

Je citerai ici l'extrait d'une idylle par M. Berenger :

Échappée au courroux funeste
De l'hiver qui vient d'expirer,
Enfin tu renais, fleur modeste
Dont ma Laure aime à se parer.

Avant que la première feuille
Ait couronné nos Eglantiers,
Avec quel plaisir je te cueille
Le long des champêtres sentiers !

Tu m'annonces, ô Violette !
La brillante cour du Printems ;
Tu parais : j'entends la Fauvette,
Et l'amour embellit nos champs.

Ta douce odeur plait à Laurette,
Elle aime ta sombre couleur ;
De ses lys, brune Violette,
Tu fais ressortir la blancheur.

Sur la trace de ma bergère,
Naissez, croissez, aimables fleurs;
Puisque Laurette vous préfère,
La Rose a perdu ses honneurs.

Je serais inexcusable sans doute, si, quand je cite des vers sur la Violette, je ne présentais pas à mes lecteurs l'idylle suivante, composée par une dame qui unit au talent le plus aimable, la sensibilité la plus exquise.

IDYLLE A LA VIOLETTE.

O fille du Printemps! douce et touchante image
D'un cœur modeste et vertueux,
Du sein de ces gazons tu remplis ce bocage
De tes parfums délicieux.
Que j'aime à te chercher sous l'épaisse verdure
Où tu crois fuir mes regards et le jour!
Au pied d'un Chêne verd, qu'arrose une onde pure,
L'air embaumé m'annonce ton séjour.
Mais ne redoute pas cette main généreuse:
Sans te cueillir j'admire ta fraîcheur;
Je ne voudrais pas être heureuse
Aux dépens même d'une fleur.
Reste sur ta tige flexible,
Jouis des beaux jours du printems;
Que les Zéphirs rafraîchissans,
Que ces rameaux et ce lierre sensible
Te défendent, l'été, des rayons dévorans!
Que l'automne aussi fasse éclore
Autour de toi des rejetons nombreux!
Que de l'hiver le souffle rigoureux
S'adoucisse et t'épargne encore!
Ah! comme ton parfum, dont la suave odeur
S'exhale dans les airs sans dévoiler tes charmes,
Que ne puis-je, du pauvre en essuyant les larmes,
Lui dérober l'aspect du bienfaiteur!

Timide comme toi, je veux dans ma retraite
Et dans l'oubli passer mes jours;
Un peu d'encens vaut-il ce trouble qui toujours
Poursuit notre gloire inquiète?
Simple en mes goûts, de paisibles loisirs
Rendent mon ame satisfaite;
Mon nom contente mes desirs,
Puisque l'amitié le répète.
L'avenir m'oublîra; mais, chère à mon époux,
Dans mon enfant trouvant mon bien suprême,
Bornant ce monde à ce que j'aime,
Je n'étonnerai point le vulgaire jaloux.
Oui, comme toi, cherchant la solitude,
Ne me plaisant qu'en ces vallons déserts,
J'y viens rêver, et soupirer ces vers
Qui ne doivent rien à l'étude.

Par madame Beaufort d'Hautpoul.

Cowley, qui a chanté les fleurs dans la langue d'Horace, a composé sur la Violette une ode que l'on trouvera à la fin de ce volume.

NOTES SUR L'IDYLLE III.

LE SAULE PLEUREUR (*Salix Babylonica*, Linn.).

Quoique la première partie de ce recueil soit spécialement consacrée aux fleurs, j'ai cru pouvoir y faire entrer le Saule pleureur, afin d'y jeter plus de variété. Cette pièce est extraite d'un autre recueil intitulé Les Arbres, dont je m'occupe aussi, et que j'espère publier lorsque j'aurai complété le nombre des fleurs que je me suis proposé de traiter.

Le Saule pleureur a pris son nom de la forme mélancolique de ses rameaux. Sa pâle verdure et ses branches alongées retombent mollement vers la terre ; on en a fait l'arbre favori de la douleur. Il est souvent la parure du tombeau ; et si l'on veut réveiller quelque sentiment de tristesse au milieu des plaisirs et des jouissances du luxe, on le place aussi dans les jardins auprès d'une urne factice. Cet arbrisseau nous est venu de l'Orient ; il renaît de bouture, comme les autres arbres de son espèce.

On me saura gré, sans doute, de citer ici le même sujet traité mythologiquement par un littérateur distingué, dont je m'honore d'être l'ami. M. De Guerle, censeur d'études et professeur de belles-lettres au Lycée Bonaparte, inspiré par le génie d'Ovide, en a fait une métamorphose que n'aurait pas désavouée son modèle. Quoique la comparaison doive être toute entière à mon désavantage, je pense que le lecteur verra avec plaisir quel parti différent on peut tirer d'un même sujet.

SALIX ET PHOLOË,

OU

L'ORIGINE DU SAULE;

Métamorphose.

Amant de Pholoë, le beau Salix un jour
Sous l'ombrage des bois soupirait son amour.
Pholoë, tendre et sage, en cette solitude
Souvent laissait errer sa molle inquiétude ;
Tantôt joignant sa voix à la voix des oiseaux,
Tantôt rêvant assise au bord des clairs ruisseaux,
Parfois cueillant des fleurs, et de ces fleurs moins belles
Relevant sans apprêts ses grâces naturelles.
Son berger, s'il paraît, lui cause un doux plaisir ;
Mais elle aime sans crime, et sourit sans rougir.

Lui, mêlant jusqu'alors, fidèle à l'innocence,
Le respect au desir, la crainte à l'espérance,
Il attendait qu'Hymen, de roses couronné,
Vînt proclamer l'époux dans l'amant fortuné.

Qui peut compter, hélas! sur ta vaine promesse,
Faible Raison? L'Amour se rit de ta sagesse.
Pholoë, ce jour-là, sous un berceau lointain,
Se confiait, paisible, à la fraîcheur du bain:
Là, d'épais aliziers, penchés sur l'onde pure,
Protégeaient sa pudeur d'un rideau de verdure.
Le calme de ces lieux, leur silence écarté,
Ce demi-jour des bois, plus doux que la clarté,
Tout lui dit: « Ne crains pas un regard téméraire,
» Belle Nymphe; pour toi veille ici le mystère ».

Cependant, vers cette onde ouverte à tant d'appas,
Le hasard, non le crime, avait conduit tes pas,
Salix; et seul coupable, à travers le feuillage
Zéphir t'a révélé les secrets du rivage.
Dieux! que d'attraits offerts à ton œil enflammé!
Pâris fut moins ému, quand sur l'Ida charmé
Il vit, galant arbitre, et Junon sans parure,
Et Minerve sans voile, et Vénus sans ceinture.
Ici, des flots mouvans le limpide cristal
Trahit d'un sein de lys le contour virginal;
Là, sur l'azur des eaux, levant ses tresses blondes,
Elle semble Vénus sortant du sein des ondes.
Salix rougit, se trouble; un feu séditieux
Dans ses veines s'allume, étincelle en ses yeux;
Il veut parler: sa voix expire, et vers la rive,
Demi-courbé, l'œil fixe, et l'oreille attentive,
Il tremble que son souffle, agitant les rameaux,
De son bruit délateur n'épouvante les eaux.

Mais sur ces bords peu sûrs, Pholoë sans alarmes
Va reprendre le lin qui doit cacher ses charmes.

Légère, elle s'avance, et chaque mouvement
Livre un nouveau trésor aux regards d'un amant.
Insensé ! que fait-il ? quel délire l'égare ?
Il s'élance, il s'écrie : « Arrête au moins, barbare !
» La gaze défend mal des assauts du desir ;
» Tombe en mes bras sans voile, ou tu me vois mourir ».
— « Ciel !... ». Ce fut le seul cri de la vierge éperdue ;
Mais à ce cri d'effroi, l'onde au loin s'est émue ;
Au fond de ses roseaux la Naïade a frémi :
D'un murmure plaintif le bois sombre a gémi ;
Et Diane, accourue à ce bruit qui l'attire,
L'arc en main, va venger l'honneur de son empire.
Ta présence, ô Déesse ! a sauvé la pudeur :
Mais l'outrage imparfait arme encor ta fureur.
Salix fuyait ; soudain, frappé dans ta colère,
O prodige ! ses pieds s'attachent à la terre :
Tronc noueux, pour courir il fait de vains efforts ;
Une prison d'écorce enveloppe son corps ;
De son teint qui verdit les roses se ternissent ;
Ses cheveux dans les airs en longs rameaux jaillissent ;
Ses bras, que vers les cieux il tendait supplians,
Symboles de douleur, retombent languissans.
Saule, il chérit les eaux ; et son pâle feuillage
De sa maîtresse absente y cherche encor l'image.

M. Ducis a traité le Saule de deux manières différentes. Le lecteur sera charmé, sans doute, de trouver ici ces deux productions d'un auteur dont le nom est si cher aux lettres.

LE SAULE DE L'AMANT.

Humble Saule, ami du mystère,
Que je me plais sous tes rameaux !
Je chéris, amant solitaire,
Comme toi le bord des ruisseaux.

Ta feuille pâle, enchanteresse,
Qu'agitent les moindres zéphirs,
Inspire au cœur une tristesse
Qui vaut mieux que tous les plaisirs.

La prairie aime le murmure
Du ruisseau qui la suit toujours;
Tu penches sur eux ta verdure
Pour mieux entendre leurs amours.

Ta feuille est mobile et tremblante,
Tu me peins l'Amour qui frémit;
Elle est douce, elle est languissante,
Tu me peins l'Amour qui gémit.

Que le Myrte croisse à Cythère,
Qu'il pare les Ris et les Jeux :
Ta feuille m'est cent fois plus chère;
Je suis un amant malheureux.

L'espoir n'adoucit point mes chaînes,
Pour jamais mon cœur doit souffrir;
Mais plus je me plains de mes peines,
Et plus je craindrais d'en guérir.

Doux Saule, accrois mon esclavage,
Fais-moi jouir de mon tourment!
J'aime : ô bonheur! sous ton ombrage,
Que j'aime encor plus tendrement!

A tes pieds dormait ma Bergère
Quand elle eut mon premier soupir :
Ah! c'est là que je vis Glycère,
Ah! c'est là que je veux mourir!

LE SAULE DU SAGE.

Saule, que j'aime ton ombrage !
Qu'il plait à mon cœur attendri !
La vie, hélas ! n'est qu'un orage :
Voudrais-tu m'offrir un abri ?

J'ai long-temps bravé la tempête ;
Saule, je viens mourir au port.
Sous les vents tu courbes ta tête :
Tu m'apprends à céder au sort.

Auprès de la cabane obscure,
Tu nais, tu vieillis, et tu meurs ;
Là, sont le calme et la nature :
Chercherai-je encor les grandeurs !

Du ruisseau, dans ma rêverie,
J'entends fuir et murmurer l'eau ;
Il ne peut quitter la prairie,
Tu ne peux quitter le ruisseau.

Confident de ce doux mystère,
Tu caches leurs jeux, leurs détours ;
Crains-tu qu'une jeune bergère
Ne remarque trop leurs amours ?

Ah ! que ta feuille est douce et tendre !
Combien sa pâleur m'a charmé !
Lisette alors pouvait m'entendre ;
Ce n'est plus le temps d'être aimé.

Il est un Saule pour le sage,
Il est un Saule pour l'amant ;
Le premier convient à mon âge,
Mais, hélas ! que l'autre est charmant !

Adieu, Saule de la tendresse;
J'eusse à tes pieds voulu mourir.
Voilà celui de la sagesse,
C'est donc lui que je dois choisir!

NOTES SUR L'IDYLLE IV.

LA PETITE MARGUERITE, PAQUERETTE, (*Bellis perennis*, Linn.).

On trouve cette jolie plante en fleurs toute l'année, comme l'indique son nom latin. Elle embellit nos vallées du plus agréable émail. Ses racines sont fibrées. Ses feuilles, qui sont en grand nombre, un peu épaisses, velues et légèrement dentelées, restent à sa base, s'étendent, et forment autour d'elle comme un petit tapis de verdure. Une tige longue de trois à quatre pouces, grêle, ronde, unie, d'un verd clair, la soutient. Ses demi-fleurons blancs, nuancés de rouge, rangés en forme de collerette autour de son disque d'or, la facilité avec laquelle elle cède à la main qui la cueille, tout, dans cette fleur, attire l'enfance, dont elle est le plus aimable emblême. On peut ajouter à son éloge qu'elle est un excellent vulnéraire.

Dans les parterres, on cultive quelquefois une variété de la petite Marguerite. Ses pétales sont plus rouges, plus détachés, plus multipliés.

M. Bernardin de Saint-Pierre, à propos de la Marguerite, nous retrace un jeu naïf de l'enfance. On tire l'un après l'autre les pétales blancs, en disant : *Il m'aime un peu, beaucoup, passionnément, pas du tout;* ainsi de suite jusqu'au dernier, et l'on tremble du mot sur lequel le cercle finira.

Ce joli tableau a été très-agréablement rendu par M. Révoile, dans la Romance suivante :

LA BLANCHE MARGUERITE,

Romance.

Bien que Brigitte eût à peine quinze ans,
Et qu'elle fût une simple bergère,
Avait gagné le cœur du jeune Hilaire,
Page du Roy, né d'illustres parens.
Devers les murs du château de Vincenne
Elle menait ses brebis chaque jour;
Et chaque jour, pour lui conter sa peine,
Le jeune Page abandonnait la Cour.

Sous un grand chêne où le saint roy Loys
Avait rendu la justice naguère,
Survint un jour l'innocente Bergère;
C'était le lieu d'un rendez-vous promis.
Mais, ô douleur! pas n'y trouve le Page,
Et vainement l'attendit jusqu'au soir:
Le lendemain attendit davantage;
Soins superflus! il ne vint pas la voir.

Ja, sont huit jours passés en grand tourment;
Espoir va fuir: mais la triste Brigitte,
Seulette aux champs, cueille une Marguerite,
Qu'elle interroge ensuite en l'effeuillant.
Reviendra-t-il, se dit la Jouvencelle?
Pas ne viendra, répond la blanche fleur.
Or, le beau Page était caché près d'elle;
Il s'écria: L'oracle est un menteur!

NOTES SUR L'IDYLLE V.

LA ROSE (*Rosa*, etc.).

Parmi les fleurs qui ornent nos parterres, il n'en est point de plus généralement connue que la Rose.

Les jardiniers fleuristes en comptent jusqu'à cent variétés, dont un tiers environ ne donne que des fleurs simples. Entreprendre de les décrire ici, ce serait s'engager dans des détails aussi longs que déplacés. Je renvoie les curieux à l'ouvrage que M. Guillemeau a composé sur ce sujet, et je me contenterai de remarquer que l'immortel Linné et Scopoli penchaient à croire que, dans le principe des choses, il n'y avait qu'une seule espèce de Rose, et que toutes les autres n'en étaient peut-être que des variétés résultant de la culture et du climat.

Jadis la Rose ornait les pompes religieuses, triomphales, nuptiales, et même funéraires. Les anciens s'en couronnaient dans les festins, et en parsemaient leurs tables et leurs lits; on la regardait comme le symbole de la mollesse et de la volupté. Dès la plus haute antiquité, les poètes l'ont consacrée à la Mère des Amours; mais ils varient d'opinion sur son origine et sur celle de son incarnat. Selon Anacréon, la Rose naquit lorsque Vénus sortit du sein des flots, et Pallas du cerveau du maître des Dieux. Aphtonius et Tzetzes attribuent sa couleur au sang de Vénus. Bion, Ovide, et l'auteur du *Pervigilium Veneris*, prétendent qu'elle est due au sang d'Adonis; les Musulmans rapportent son origine à Mahomet. (*Voyez* l'excellent *Dict. myth.* de M. Noël.) J'ai cru pouvoir user du privilége de la poésie pour expliquer la naissance de la Rose, sa couleur, son parfum et son épine. Ici, le fond est assez peu important pour le lecteur; l'essentiel est que la forme lui plaise.

On a composé un volume considérable, uniquement sur la Rose, considérée sous ses divers rapports. Mais plusieurs volumes ne suffiraient pas pour rassembler ce qu'elle a inspiré d'aimable, de gracieux, aux poètes de tous les siècles et de tous les pays. La présence de la Rose rappelle à notre esprit les idées les plus flatteuses, les comparaisons les plus douces, les emblêmes les plus voluptueux. Son nom seul embellit les vers, comme ses couleurs embellissent la beauté. Camerarius, Gehler, l'Arioste, le Tasse, le Guarini, Laurenzo-Pignotti, Merthghen, Jean Second, Passerat, Sautel, Bernard, Delille, Dorat, Le Gay, François de Neuchâteau, Millevoye, etc. etc. l'ont célébrée dans leurs chants.

M. De Parny, dont la touche pure et délicate nous rappelle si heureusement l'école des anciens, a imité une partie de la Rose d'Anacréon, dans sa charmante épître intitulée *Les Fleurs*.

Lorsque Vénus, sortant du sein des mers,
Sourit aux Dieux charmés de sa présence,
Un nouveau jour éclaira l'univers :
Dans ce moment, la Rose prit naissance.
D'un jeune lys elle avait la blancheur.
Mais aussi-tôt, le père de la treille,
De ce nectar dont il fut l'inventeur,
Laissa tomber une goutte vermeille,
Et pour toujours il changea sa couleur.
De Cythérée elle est la fleur chérie,
Et de Paphos elle orne les bosquets.
Sa douce odeur, aux célestes banquets
Fait oublier celle de l'ambroisie :
Son vermillon doit parer la Beauté ;
C'est le seul fard que met la Volupté.
A cette bouche où le sourire joue,
Son coloris prête un charme divin ;
Elle se mêle aux lys d'un joli sein ;
De la Pudeur elle couvre la joue,
Et de l'Aurore elle embellit la main.

Je renvoie à la fin du volume une idylle latine d'Ausone, sur la Rose ; mais je vais placer ici deux odes anacréontiques, toutes deux pleines de délicatesse et de grâce. Nous devons la première à M. Roger, très-avantageusement connu par plusieurs aimables productions littéraires : l'autre est de feu M. Le Brun.

LA ROSE.

Quand l'haleine des doux Zéphirs,
Et la verdure renaissante,
Annoncent la saison charmante
Et de l'amour, et des plaisirs,
Vainement mille fleurs écloses
Appellent la main des amans,
On ne croit revoir le printems
Qu'en voyant renaître les Roses.

Parmi les filles du matin,
C'est la Rose qu'Amour préfère;
Vénus aux fêtes de Cythère
En pare sa tête et son sein.
Sur sa corolle demi-close
Zéphir se plait à voltiger;
Le papillon le plus léger
Se fixe en voyant une Rose.

Des plus aimables dons des cieux,
La Rose est l'image fidèle;
Souvent même elle est le modèle
Qui nous sert à peindre les Dieux.
Lorsque l'Aurore se dispose
A sortir des bras de l'Amour,
Pour ouvrir les portes du jour
On lui donne des doigts de Rose.

Voyez dans cet humble réduit
Cette beauté simple et touchante;
Sa bouche est la Rose naissante
Que le plaisir épanouit.

Son sein, où l'Amour se repose,
Efface la blancheur du lys ;
Mais qui lui donne tant de prix ?
N'est-ce pas le bouton de Rose ?

Toi, dont les charmes séducteurs
Souvent m'ont fait prendre la lyre,
C'est le même objet qui m'inspire
En chantant la Reine des fleurs.
Hélas ! mes vers sont peu de chose ;
Que n'ai-je un plus heureux talent !
Mais, Thémire, en te regardant,
On apprend à chanter la Rose.

LA ROSE COQUETTE.

Déjà dans le sein d'Amphytrite
L'astre du jour se précipite,
Entouré de nuages d'or ;
Les derniers pas de sa carrière
Jettent des restes de lumière
Dont l'Olympe jouit encor.

Cependant l'humide rosée
Rafraîchit la terre embrasée ;
Zéphir voltige au bord des eaux,
Et s'élevant du sein des plaines,
Déjà les vapeurs incertaines
Blanchissent le front des coteaux.

Vesper s'avance ; il va répandre
Cette lumière noble et tendre
Qui semble caresser les yeux ;
Zirphé, c'est l'heure du mystère :
Viens goûter le frais solitaire
De nos bosquets délicieux.

Viens voir cette Rose adorée,
Que Flore même avait parée
Des rayons les plus éclatans.
L'Aurore aimait à lui sourire,
Et semblait lui donner l'empire
Des autres filles du Printems.

Alors, de sa robe brillante
Tu vis la pourpre étincelante
S'embellir des feux du soleil;
Et les Zéphirs les plus volages
Fixer leurs folâtres hommages
Au pied de son trône vermeil.

Fière, et dédaignant leur conquête,
Sans cesse elle mirait sa tête
Dans la glace errante des eaux;
Et le cristal de nos fontaines
Promettait encore à ses chaînes
Une foule d'amans nouveaux.

Dieux! que cette Rose est changée!
Amour, que ta flamme est vengée!
Quels traits! quelle obscure pâleur!
Aux miroirs de l'onde ingénue
Elle-même s'est méconnue,
Et l'onde rit de sa douleur.

Plus d'amans! l'ingrate en soupire;
Sa pourpre et son orgueil expire:
Un moment en a triomphé;
L'ombre éteint cette beauté vaine
Dont l'éclat ne cédait qu'à peine
A l'éclat même de Zirphé.

O Zirphé, Rose que j'adore,
Jouis des plaisirs de l'aurore,

N'attends pas les ombres du soir;
Rien n'enchaine le Temps volage;
Préviens la fuite du bel âge
Et les insultes du miroir.

Voyez à la fin du recueil, la Rose chantée par Cowley.

NOTES SUR L'IDYLLE VI.

LE SOUCI (*Calendula officinalis*, Linn.).

Cette fleur, assez commune dans les jardins, quoiqu'elle y soit très-peu fêtée, se déploie sur une tige verte, peu élevée, velue et visqueuse. Ses feuilles sont sans queue, molles, alongées, étroites et recouvertes d'un léger duvet. Le calice, formé d'un double rang d'écailles, contient deux ou trois cercles de demi-fleurons découpés à leur extrémité, et d'un jaune vif et rougeâtre. Le disque se compose de plusieurs fleurons étroitement serrés, dont chacun s'épanouit en cinq divisions surmontées d'un faisceau de cinq anthères de couleur dorée. Toutes les parties de la fleur exhalent une odeur forte et désagréable, qui se communique aux doigts quand on la touche.

Les feuilles du Souci, broyées et appliquées sur les cors, en calment la douleur, selon Césalpin. Elles produisent le même effet à l'égard des dents, si, après les avoir réduites en poudre, on les y applique avec du coton. Quand on les approche de la flamme, elles produisent quelques détonations semblables à celles du nitre.

Dans les mois de juillet et d'août, au coucher du soleil et une demi-heure après, si l'atmosphère est claire, on peut observer que la fleur du Souci lance des étincelles et des éclairs. Cette lumière, plus visible dans les Soucis orangés, est presque imperceptible dans les pâles. On voit souvent l'éclair se répéter sur la même fleur deux ou trois fois de suite ; mais quelquefois on ne l'aperçoit qu'après quelques minutes, et si plusieurs fleurs, placées dans le même endroit, font voir l'éclair en même temps, on peut le remarquer de loin. Lorsque l'atmosphère est remplie de vapeurs humides, et qu'il a fait de la pluie pendant le jour, on ne peut rien observer.

(Voyez à la suite des *Amours des Plantes*, poëme très-agréablement traduit de l'anglais de Darwin, par M. Deleuze, la note page 351, d'où j'ai extrait cette observation.)

Le nom du Souci vient du latin *Solsequium*, parce que ses fleurons se ferment quand le soleil se couche, et s'ouvrent quand il se lève. Voilà sans doute aussi pourquoi quelques poètes ont imaginé que cette fleur avait été jadis une jeune fille aimée d'Apollon, et qui était morte de jalousie. Un des auteurs de la *Guirlande de Julie*, d'Andilly, a fait parler le Souci sous le nom de *Clytie*, quoique les mythologues prétendent que Clytie fut changée en Héliotrope.

Rapin, qui, dans son *Poëme des Jardins*, raconte tant de métamorphoses, garde le silence à l'égard de celle-ci ; mais il nous dit d'où le Souci est originaire, et comment il a acquis sa couleur :

Nec vos, pallenti flaventes lumine Calthæ,
Transierim, Siculo quas herbifer Acis in agro
Nascentes, curvo primus sub littore vidit.
Calthaque solis amans, solem dum spectat amatum,
Duxit eum, quem fert, ipso de sole, colorem.

« Vous aurez aussi place en mes chants, Soucis pâles et dorés, vous que l'Acis, dans les vallons de la Sicile, a vus briller pour la première fois sur les bords arrosés de son onde sinueuse. Amante du soleil, votre fleur, en considérant l'astre qu'elle adore, a reçu de lui la couleur dont elle éblouit nos regards ».

NOTES SUR L'IDYLLE VII.

LA BELLE DE NUIT (*Mirabilis jalapa*, Linn.).

La Belle de nuit est originaire du Pérou :

> Producis lepidos, opulenta Peruvia, flores,
> Mirandi nostro germinis orbe parens.
> Ne tibi tam placeas auri argentique metallis,
> Quæ male fecundo gignis ubique solo.
>
> COWLEY, *Plantarum lib.* 4

« Riche et brillant Pérou, que sont tous ces trésors qu'enfante la malheureuse fécondité de ton sol, auprès des fleurs charmantes que tu fais naître, et qui font l'ornement et l'admiration de notre hémisphère » ?

La Belle de nuit est ainsi nommée, parce qu'elle ne commence à s'épanouir qu'à l'approche de la nuit, et qu'elle se referme aussi-tôt qu'elle a ressenti la première impression de la lumière. Sa tige, qui s'élève à la hauteur de deux ou trois pieds, est cylindrique et articulée ; ses feuilles sont opposées, d'un beau vert, garnies vers les bords d'un duvet doux et court ; ses fleurs, agglomérées en bouquet au sommet de chaque rameau, se déploient en brillans entonnoirs ; leur couleur est rouge, ou jaune, ou mêlée de blanc. Il y en a une variété qui est entièrement blanche. Elle répand, le soir et pendant la nuit, une odeur très-agréable.

On ne tire point de cette plante le jalap du commerce, quoique son nom latin semble l'indiquer. La Belle de jour et la Belle de nuit me paroissent l'emblême des deux mondes, dit l'aimable auteur du *Calendrier de Flore*. L'une s'ouvre dès qu'un rayon du soleil la frappe, l'autre se ferme dès qu'elle en a senti l'influence; l'une se replie chaque soir, l'autre se développe doucement à mesure que baisse le crépuscule, et elle exhale un doux parfum. Peut-être cette belle Péruvienne redoute-t-elle encore la vue d'un seul Européen. Elle se dérobe, autant qu'il est en elle, à l'aspect matinal de la fleur portugaise. Nous rapprochons vainement le jalap du Pérou du liseron de Portugal; ces deux beautés s'éviteront toujours.

Cette remarque rappelle naturellement ces vers du charmant *Poëme des Plantes*, dans lequel mon estimable collègue, M. Castel, a déployé tant de grâce, de sensibilité, et un talent si distingué:

Faut-il, brillantes fleurs, fruits si beaux et si doux,
Faut-il que votre aspect rappelle à ma mémoire
De cent peuples détruits la déplorable histoire;
Et le sort trop propice à d'affreux conquérans
Devait-il leur ouvrir vos rivages charmans?

M. Philippon de la Madelaine a chanté ces deux fleurs d'une manière très-agréable dans les couplets suivans:

LA BELLE DE JOUR
ET
LA BELLE DE NUIT.

Les doux rayons de l'Aurore
Le matin guidaient mes pas.
Je vois deux filles de Flore;
L'une se pressant d'éclore,
L'autre voilant ses appas.

Aux feux dont l'air étincelle,
S'ouvre la Belle de jour;
Zéphir la flatte de l'aile :
La fripenne encore appelle
Le papillon d'alentour.

Coquettes, c'est votre emblême :
Le grand jour, le bruit vous plait;
Briller est votre art suprême;
Sans l'éclat, le plaisir même
Devient pour vous sans attrait.

L'autre fleur, non moins jolie,
Qui fuit la clarté des cieux,
Des nuits compagne chérie,
Nous montre, en cachant sa vie,
Le vrai secret d'être heureux.

Ainsi, l'amante timide
Qui craint les malins discours,
Prend le mystère pour guide,
Et, dans l'ombre, court à Gnide
Jouer avec les Amours.

S'il est un sort desirable,
C'est de pouvoir enflammer
Nymphe tendre, douce, affable,
Qui, le jour, sache être aimable,
Et qui, la nuit, sache aimer.

La suite des idées me rappelle quelques vers, que je demande aux Dames la permission de citer ici, en leur déclarant que je n'en suis pas l'auteur :

Jadis un peu de retenue
Accompagnait encor l'amour;
Si la beauté se montrait nue,
Du moins ce n'était pas au jour.

Maintenant l'art de la toilette
Consiste à nous laisser tout voir ;
L'amant y perd, car la coquette
Ne réserve rien pour le soir.

NOTES SUR L'IDYLLE VIII.

LE CHARDON (*Carduus*, etc.).

On donne communément le nom de Chardon à plusieurs plantes hérissées, que les Botanistes ont séparées en divers genres. Celui du Chardon proprement dit fournit neuf espèces aux environs de Paris. Elles se divisent en deux familles, l'une à feuilles courantes sur la tige, l'autre à fleurs sessiles. Parmi ces dernières, on distingue le Chardon Marie (autrement nommé Marbré ou de Notre-Dame, *Carduus marianus*, Linn.), qui se trouve à Montmorency, sur le bord des chemins et des fossés. Le suc de cette plante est fébrifuge ; donné à la dose de quatre onces, il soulage les hydropiques.

Je conviens que, dans cette idylle, j'ai traité le Chardon un peu sévèrement. Il m'est arrivé, ce qui arrive si souvent dans le monde, d'apercevoir sur-le-champ les défauts de l'individu, et de ne reconnaître que long-temps après ses bonnes qualités. Je n'ai d'abord vu en lui que les caractères moroses et bourrus, de qui M. Arnault a tant de raison de nous dire :

Fuyez ces personnes chagrines
Qu'on ne peut aborder avec sécurité,
Et qui, même dans la gaîté,
Ne quittent jamais leurs épines.

J'avais d'ailleurs présente à la pensée cette jolie fable du même auteur :

LE CHARDON ET LA ROSE.

La fleur du Chardon se carrait
Au milieu des piquans dont sa tige est armée ;
Et, sans plus de façons, d'elle-même charmée,
A la Rose se préférait.
Je suis plus qu'elle encore et sévère et pudique,
Car on la vit parfois s'humaniser un peu.
Quant à moi, qu'on approche, et l'on verra beau jeu ;
Ma devise est enfin, *qui s'y frotte s'y pique.*
Eh, pourquoi s'y frotterait-on,
Dit un jeune berger, qui passait d'aventure ;
Pour jouir d'une Rose, on brave une blessure,
Mais se fait-on piquer pour cueillir un Chardon ?

Mais la fable de M. Arnault a raison, et mon idylle a tort, parce qu'elle aurait dû considérer le Chardon sous ses différens rapports. Mieux instruit de la grande utilité du Chardon dans les manufactures, et de ses nombreuses propriétés en médecine, je me propose de réparer mon injustice à son égard dans une autre idylle, qui sera la contre-partie de celle-ci ; je le déclare dès aujourd'hui, pour éviter toute querelle avec les partisans du Chardon, qui pourraient être tentés de prendre contre moi sa défense.

NOTES SUR L'IDYLLE IX.

L'OEILLET (*Dianthus cariophyllus*, Linn.).

La racine de l'OEillet est simple et fibreuse ; sa tige lisse, cylindrique, noueuse et branchue, s'élève à une coudée et plus, et demande à être soutenue par une baguette, à laquelle on l'attache à l'aide d'un fil. Au-dessous de chacun de ses nœuds, sont opposées deux feuilles longues, épaisses, étroites, et terminées en pointe. Au sommet de la tige, un calice d'une seule pièce, découpé à son extrémité, et garni à sa base de deux écailles, supporte la fleur, composée de pétales que la culture multiplie sans nombre, et dont la couleur se nuance d'une manière très-variée. Le cœur des gros OEillets a souvent recélé des billets furtifs : la malheureuse Antoinette, prisonnière au Temple, en a reçu un de cette manière.

Beauté, parfum, durée, tout se réunit dans l'OEillet pour charmer les yeux et mériter les soins du fleuriste. Il semble, par son odeur, tenir de ce végétal précieux que la nature a caché dans quelques îles de l'Orient ; il la communique même à l'eau-de-vie où ses fleurs ont infusé. Aussi, une de ses espèces, d'où proviennent peut-être les autres variétés, porte le nom d'*Œillet à ratafia*. On doit à un jardinier de Paris celui qui est connu sous le nom de *feu-soyer*, et qui rappelle ainsi son auteur en même temps qu'il désigne la riche couleur dont il est embelli.

Le Grand-Condé, à Chantilly, ne dédaignait pas de cultiver des OEillets. On connait le quatrain que mademoiselle De Scudery fit à ce sujet :

En voyant ces OEillets qu'un illustre guerrier
Arrose d'une main qui gagna des batailles,
Souviens-toi qu'Apollon bâtissait des murailles,
Et ne t'étonne plus que Mars soit jardinier.

M. De Parny, dans l'épître déjà citée, décrit avec son élégance ordinaire la culture de l'OEillet :

Le tendre OEillet est faible et délicat ;
Veillez sur lui ; que sa fleur élargie
Sur le carton soit en voûte arrondie.

Coupez les jets autour de lui pressés ;
N'en laissez qu'un ; la tige en est plus belle.
Les autres brins dans la terre enfoncés,
Vous donneront une tige nouvelle ;
Et, quelque jour, ces rejetons naissans,
Remplaceront leurs pères vieillissans.

L'OEillet est une des cinq fleurs chantées par De Thou, en vers latins. Voici comment Rapin l'a célébré dans la même langue :

Proferet inde suas, ardent cum brachia Cancri,
Cariophyllus opes, picto qui flore per agros
Egregiæ dona ostendit pulcherrima formæ.
Est odor eximius flori ; vagina tumentem
Colligit ima comam foliorum ; incisa profunde
Sunt folia, et blande curvum crispantur in orbem.
Difficilis flos ille tamen, nec promptus alendo est.
Qui terræ immodicamve sitim, cœlive calores
Injustos, tristesve auras, frigusve malignum
Non impune feret, primâ dum pubet in herbâ.
Et nisi sustineat plantam curare recentem
Villicus, ac fontes sitienti, aspergine crebrâ,
Vespere seu sero, primo seu mane ministret,
Illi rite suum non conciliabit honorem.

Hortor. *lib. prim.*

« Bientôt, lorsque le Cancer ouvrira ses bras enflammés, l'OEillet, fier de sa beauté, déployera dans les jardins les richesses de sa fleur diaprée. Il exhale un parfum délicieux. Du fond de son calice s'échappe une touffe de feuilles profondément découpées, qui se dessinent en cercle, et lui forment avec grâce une riche couronne. Mais il n'est pas facile d'élever cette tendre fleur : son enfance exige des soins continuels ; les grandes sécheresses occasionnées par des chaleurs excessives, les froids piquans, un temps sombre, suffisent pour la faire périr. Qu'on cesse un seul jour de veiller sur elle ; qu'on oublie une fois, le matin ou le soir, de la désaltérer, bientôt languissante et flétrie, elle trahira l'espérance du jardinier ».

Le bienfaiteur à la mémoire de qui je paie un juste tribut de reconnaissance dans la dernière strophe de cette idylle, était un Oncle, digne et respectable ecclésiastique ; il fut mon guide dans mes premières études, et, durant toute sa vie, il m'a témoigné la tendresse d'un père. Il a laissé dans l'ame de tous ceux qui l'ont connu, l'image de ses vertus ; il a laissé dans la mienne le souvenir ineffaçable de ses bienfaits.

NOTES SUR L'IDYLLE X.

LE BOUTON D'OR (*Ranunculus acris* ou *arvensis*).

C'est une petite fleur de l'espèce des Renoncules, comme l'atteste son nom latin. Sa tige est délicate, ronde, et d'un vert tendre. Quelques feuilles accompagnent la naissance des branches ou pédoncules. Au sommet de chaque branche se place le calice, composé de trois, cinq ou six petites coques velues, d'abord vertes et successivement jaunissantes. Sur ce calice s'évase une corolle formée de cinq pétales satinés, vernissés intérieurement, qui s'arrondissent et se rapprochent avec grâce. Les étamines, sans nombre, ont des anthères effilées, jaunes et longues comme leurs filets. Une réunion de pistils forme un petit cône entre ces courtes étamines. Leurs ovaires verts et taillés comme des tranches de melon, sont les matériaux de l'édifice ; chacun porte un très-court style jaune.

Telle est la description que madame V. D. C. nous donne du Bouton d'or. Cette plante fleurit en mai. Elle ne donne que des fleurs simples à la campagne ; mais si on la transplante, et qu'on la cultive dans les jardins, elle donne une agréable variété à fleur double ; quelquefois même la première fleur en pousse une seconde, et cette seconde une troisième.

En général, tous les *Ranunculus* sont malfaisans et vénéneux, parce qu'ils contiennent beaucoup de sel âcre et caustique ; le Bouton d'or a, dans ses feuilles et ses racines, un suc corrosif dont le contact seul est nuisible, et qui, pris intérieurement, peut devenir mortel. On dit que les mendians, afin d'émouvoir la commisération des passans, se procurent, à l'aide de cette plante, de fausses plaies, qu'ils guérissent ensuite avec des feuilles de *bouillon blanc*.

NOTES SUR L'IDYLLE XI.

L'HORTENSIA, HORTENSE DU JAPON, ROSE DU JAPON (*Hortensia rosea*, Juss. *Hortensia opuloïdes*, Lam.).

Arbrisseau qui semble appartenir à la famille des *saxifrages*. Sa tige est peu élevée. Ses feuilles sont opposées, elliptiques, pétiolées, dentées et unies sur leurs deux surfaces. Ses fleurs, qui ont l'aspect et la forme apparente des fleurs de l'Obier (*Viburnum opulus*, Linn.), sont sans odeur, mais nombreuses, et d'une jolie couleur successivement verte, blanche, rose et violette. Elles viennent aux extrémités des rameaux, où elles forment, par leur réunion, des corymbes touffus et convexes d'une éclatante beauté. Elles se succèdent, et conservent leur éclat pendant une grande partie de la belle saison. Les fleurs du centre ou de l'intérieur du corymbe ne sont pas tout-à-fait semblables, même pour leurs caractères, aux fleurs extérieures. Pour en apprécier les différences, consultez le *Nouveau Dictionnaire d'Histoire Nat.* par une société de Naturalistes, article HORTENSIA.

La plus belle conquête que nos jardins aient faite depuis cent ans, est, sans contredit, celle de ce brillant arbuste, habitant de la Chine et du Japon, ami de l'ombre et des rivages. Nous ne jouissons que depuis peu d'années de la vue de cette belle plante; je dis de la vue, parce que, privée de tout parfum, elle n'a d'autre mérite que sa beauté. C'est en 1790 qu'elle a fleuri pour la première fois en Angleterre, chez M. Slater, qui l'avait apportée de l'Orient. L'Hortensia est la fleur du cabinet et du salon. Tandis que les autres plantes dépérissent loin du grand jour, celle-ci, contente de respirer la nuit sur la fenêtre, se plaît et prospère dans l'intérieur de nos appartemens. Il lui faut une terre de bruyère et beaucoup d'arrosement.

Nos poètes se sont jusqu'à présent peu exercés sur l'Hortensia. Voici cependant une petite fable où elle figure; je l'extrais de l'*Almanach des Muses* de 1807 :

LA ROSE ET L'HORTENSIA,

Fable milésienne.

Deux hommes cultivaient des fleurs;
L'un était fou, l'autre était sage;
L'un vivait au sein des grandeurs,
L'autre habitait un hermitage.

Le riche avait, dans son jardin,
Fait construire une vaste serre;
L'indigent avait de sa main,
En plein champ, tracé son parterre.

L'Hortensia, chez le premier,
Étalait sa tête inodore ;
La Rose, chez le jardinier,
Recueillait les pleurs de l'Aurore.

Du Japon l'inutile fleur
N'était rien de plus qu'étrangère ;
Par son éclat, par son odeur,
La Rose à Vénus était chère.

La fastueuse Hortensia
Finit par ennuyer son maître ;
Jamais le sage n'oublia
La Rose qu'il avait fait naître.

Par M. Chevalier de Saint-Amand.

NOTES SUR L'IDYLLE XII.

LA COURONNE IMPÉRIALE (*Fritillaria Imperialis*, Linn.).

Nous devons à la Perse cette plante bulbeuse qui ne craint pas nos hivers, et qui est au printemps l'ornement de nos jardins. L'Impériale s'élève sur une seule tige. Elle est enveloppée de feuilles depuis sa base jusqu'aux deux tiers de sa hauteur, et ensuite droite et unie comme une colonne. Une touffe de bractées, placée à son sommet, laisse retomber plusieurs belles tulipes, pour l'ordinaire teintes de rouge et de brun, sur un fond jaunâtre, et qui, rangées circulairement, forment autour d'elle une espèce de couronne. Quelquefois le bouquet de feuilles est plus alongé, comme étagé ou interrompu, et alors il y a deux, ou même trois couronnes de tulipes. Il n'y a point de fleur aussi majestueuse, ni qui mérite autant le beau nom qu'elle porte. Quand le ciel est serein, mais sur-tout dans les temps de pluie, des gouttes limpides et brillantes s'échappent fréquemment des pédicules de la couronne impériale : *Argumentum scatere lacrymis etiam coronas*, dit le jésuite J. B. Ferrari, dans son traité *de Florum culturâ.*

Quant à l'origine poétique que je donne à l'Impériale, j'ai recueilli un fait rapporté par un grand nombre de Mythologues. Junon, disent-ils, jalouse de ce que Jupiter avoit enfanté Minerve de son cerveau, chercha, de son côté, les moyens de devenir mère d'une manière également surprenante. Elle consulta la déesse Flore, qui lui dit que, dans les champs d'Olène, il existoit une fleur qui produirait l'effet qu'elle desirait dès qu'elle l'aurait touchée. Junon en fit l'essai, et mit au monde Mars, dieu de la guerre. (*Voyez* l'abbé de Tressan, *Histoire et fable de Junon ;* et M. Noël, *Dictionnaire mythol.* à l'article MARS. *Voyez* aussi Ovide, qui, dans le cinquième livre de ses *Fastes*, est entré dans un long détail à cet égard.) Aucun Mythologue n'ayant spécifié la fleur touchée par Junon, j'ai cru pouvoir m'emparer de ce trait fabuleux pour expliquer l'origine de la grandeur et de la majesté de l'Impériale.

Voici la peinture que Rapin nous fait de cette fleur, au premier livre de ses *Jardins :*

Jamque per areolas pictum caput arduus effert
Suprà alios longè flores, qui fronte superbâ
Duxit ab Imperio nomen ; plebs undique florum
Agmine circumstat denso, seu fortè salutet
Regem humilis, capitisque altum veneretur honorem.
Illi surgit apex summo de vertice virgæ
Aureus ; hunc apicem cristâ viridante coronat
Ingens luxuries foliorum, et vertice ab alto
Quatuor ex uno promittit caudice flores
Inversos in humum, et folio pendente recurvos.
Nec florum ex omni numero formosior esset

Nec qui per campos regnaret dignior alter
Si formæ insigni dotem junxisset odoris.

« Voyez dans les parterres s'élever et dominer au-dessus de toutes ses sœurs, cette fleur altière et richement colorée, à qui le superbe diadême qui la couronne a mérité le nom d'Impériale. Autour d'elle, toutes les autres fleurs, rangées en cercle, lui composent une cour nombreuse; elles semblent, en s'inclinant avec respect, saluer leur souveraine, et rendre hommage à l'auguste majesté qui brille sur son front. Au sommet de sa tige se balance un panache d'or, environné d'une touffe de feuilles disposées en aigrette verdoyante, et du centre commun s'échappent quatre tulipes, qui laissent retomber vers la terre leurs fleurs recourbées. Si la nature, en lui donnant tant d'éclat, l'eût dotée de quelque parfum, aucune de ses sœurs ne pourrait lui disputer la palme de la beauté, ni le sceptre de l'empire de Flore ».

Pour mettre le lecteur à même de comparer la manière de Cowley avec celle de Rapin, je vais citer ici une partie de l'ode que le premier a composée sur le même sujet :

Mi glorianti insignibus imperî,
Flori invidetur forte novitio;
Natura sed nostræ verendum
Imposuit diadema fronti.

Hujusce mundi non vetus incola,
Rexi per annos innumerabiles
Et Bactra Suzasque et beati
Floriferos Orientis hortos.

Bulbus me honestat maximus aureus,
Qualem videmus sæpe manu globum
Regum timendorum teneri,
Orbis et imperium notare.

Et celsa thyrsum purpureum erigo
Regumque dignum sceptrigerâ manu,
Te, Bacche, victorem decere
Qui domitis potuisset Indis.

Florum coronâ cingor et aureâ,
Interque flores turgidulæ micant
Dulcique distentæ liquore
Parvula sidera, Margaritæ.

Ornant coronam argentea stamina,
Et stamina ornant aureoli croci;
Et circulum supra nitentem
Exeritur viridis capillus.

Quandoque florum tergemino ordine
Augusta surgo; nec mihi sat placet
Regalis ornatus supremæ
Pontifici locupletis horti.

Invidit æther, me aspiciens, humo;
Claramque stellis obtinuit novem
Minoïdos pulchræ coronam;
Debet adhuc tamen invidere.

« Quand je m'énorgueillis de porter les symboles de l'empire, peut-être les autres fleurs voyent-elles avec jalousie triompher une rivale à peine arrivée parmi elles; mais la nature elle-même a placé l'auguste diadème sur mon front. Nouvelle habitante de ces climats, j'ai régné durant des milliers d'années sur les jardins émaillés de la Perse et des riches contrées de l'Orient. Ma gloire se fonde sur une bulbe épaisse, de couleur d'or, et semblable à ce globe, emblême de la royauté, que j'ai vu souvent à la main des monarques. Ma tige, digne de former le sceptre des rois, s'élève comme un thyrse de pourpre qui eût pu orner la main triomphante de Bacchus, à son retour de la conquête des Indes. Un rang de fleurs ceint ma tête d'une couronne d'or ; de leur sein s'échappent des perles brillantes comme autant de petites étoiles, et gonflées d'un doux nectar. L'argent s'unit à l'or pour enrichir mon diadême, et au-dessus de ce brillant tissu, une touffe de feuilles me forme une chevelure verdoyante. Souvent je m'environne majestueusement d'un triple rang de fleurs ; c'est trop peu pour moi que la couronne des rois, j'ambitionne la tiare des pontifes souverains. Le ciel, en me voyant, a porté envie à la terre, et, de neuf étoiles, il a formé la couronne étincelante de la fille de Minos : la terre cependant n'a rien encore à envier au ciel ».

NOTES SUR L'IDYLLE XIII.

LE NARCISSE (*Narcissus poëticus*, *Pseudo-Narcissus*, *Tazetta*).

Dans le climat de Paris, et dans le nord de la France, le second de ces Narcisses embellit au printemps, sous le nom de *Porion*, les lieux humides et les prairies. Le premier se trouve quelquefois dans les départemens méridionaux. Le troisième est étranger, et fournit beaucoup de variétés. Il est connu parmi les fleuristes sous le nom de *Narcisse à bouquet*.

Le Narcisse est une plante bulbeuse, dont la tige, droite et fistuleuse, du milieu d'un groupe de feuilles vertes, longues et lisses, assez semblables à celles du poireau, s'élève à la hauteur d'un ou deux pieds, et porte à sa sommité une corolle composée de six pétales blancs, disposés en cercle, et un peu renversés. Leurs onglets sont larges et d'un joli jaune. Le nectaire, dans cette fleur, forme au centre une coupe plissée à petits plis, et bordée ou festonnée d'une étroite raie de pourpre. Les anthères jaunes occupent le centre. Le Narcisse double sa corolle; mais ce luxe de parure lui enlève une partie de ses agrémens et son doux parfum.

Il est inutile de rappeler que son nom vient de ce malheureux et beau jeune homme qui périt en se contemplant dans une fontaine, et dont l'aventure a fourni à Ovide une de ses plus belles métamorphoses. M. De Malfilatre nous a laissé, sur le même sujet, un poëme qui nous fait regretter que son auteur soit mort à la fleur de son âge. Voici comment il peint Narcisse changé en fleur :

> Du sein de l'herbe il sort avec éclat,
> Un bouton d'or sur une longue tige,
> Bordé de fleurs d'un tissu délicat :
> Feuilles d'argent qu'un léger souffle abat ;
> Plante agréable et de frêle existence,
> Enfant de Flore à peu de jours borné,
> Doux, languissant, symbole infortuné
> De la froideur et de l'indifférence.

VERS SUR UN NARCISSE CUEILLI POUR UNE BELLE.

> Narcisse, sur le sein de la jeune Isabelle
> Tu recevras bientôt une faveur nouvelle ;
> Ah ! si tu l'avais vue ainsi que je la voi,
> Tu n'aurais jamais pu mourir d'amour pour toi ;
> Tu serais mort d'amour pour elle.

Par M. LOCQUARD.

EXTRAIT DE LA GUIRLANDE DE JULIE.

> Épris de l'amour de moi-même,
> De berger que j'étais, je devins une fleur.
> Faites profit de mon malheur,
> Vous que le ciel orna d'une beauté suprême,

Et pour en éviter les coups,
Puisqu'il faut que tout aime, aimez d'autres que vous.

HABERT.

Voici un couplet bachique, où se trouve une allusion assez agréable à l'histoire de Narcisse :

Je suis un Narcisse nouveau
Qui m'aime et qui m'admire;
Mais c'est dans le vin, non dans l'eau,
Que toujours je me mire.
Et quand je vois le coloris
Dont il peint mon visage,
De l'amour de moi-même épris,
J'avale mon image.

Voyez dans la très-estimable traduction d'Ovide, par M. de Saint-Ange, la mort de Narcisse. Le même morceau a été traduit aussi avec beaucoup de talent par M. De Cournand. Enfin, il en existe une imitation anonyme, insérée dans les *Etrennes d'Apollon*, année 1806.

Ecoutons le Narcisse faire lui-même son éloge dans l'ode suivante, extraite de Cowley :

NARCISSUS.

Olim quis fuerim puer,
Quam formæ nimio terribilis bono,
Quæ fataliter impotens
Et multis nocuit, nec domino minus,
Cujus vanâ ab imagine
Flammas elicuit vel sub aquis Amor;
Notum stirpibus infimis,
Jam notum anniculis stirpibus arbitror,
Et quas tosta caloribus
Urunt perpetuis Æthiopum sola,

Et quas ripa Borysthenis
Urit perpetuo languida frigore.
Ut quondam pueris puer,
Sic flos emineo floribus omnibus;
Nec causam poteris dare,
Cur mî forma minus nunc placeat mea.
Demissum teneo caput,
Antiquum speculum cernere gestiens;
Da fontem mihi limpidum,
Antiquis videas fervere amoribus.
A Nymphis et adhùc color,
Et nostris decorant tempora floribus;
Me gestant tepido sinu,
An mallent puerum dicere, nescio.

LE NARCISSE.

« Je fus jadis un enfant dont la beauté redoutable, par ses attraits irrésistibles, fit beaucoup de malheureux; mais elle fut sur-tout fatale pour moi, puisque sa seule image alluma, au sein même des eaux, la flamme qui vint embraser mon cœur. Des sables arides de la brûlante Éthiopie, jusqu'aux bords éternellement glacés du Borysthène, est-il une plante assez jeune, assez ignorée, pour n'avoir pas connaissance de ma destinée? Autrefois le plus aimable des enfans, je suis aujourd'hui la plus aimable des fleurs, et ma nouvelle forme n'a pas moins d'attraits pour moi. Ma tête, languissamment penchée, cherche encore la source transparente où elle aimait à se contempler; rendez-moi son limpide cristal, et vous verrez se rallumer mes premiers feux. Je suis encore cher aux Nymphes: je couronne leurs têtes, j'embellis leur sein naissant; peut-être m'eussent-elles moins aimé avant ma métamorphose ».

Le père Sautel, dans ses *Jeux allégoriques*, introduit

Narcisse qui raconte lui-même son aventure ; on trouvera à la fin du volume un extrait de ce morceau qui ne manque pas de grâce, mais à qui on pourrait reprocher peut-être un peu d'affectation.

NOTES SUR L'IDYLLE XIV.

L'AMARANTHE DES JARDINIERS ET DES ANCIENS, PASSE-VELOURS, CRÊTE-DE-COQ (*Celosia cristata*, Linn. *Amaranthus caudatus*, Linn.).

L'Amaranthe est originaire de Perse et du Pérou. Sa tige, haute d'un à deux pieds, est droite, branchue, garnie de feuilles alternes, larges, pointues, rougeâtres vers les bords et vertes dans le milieu. Depuis le mois d'août jusqu'à la fin de l'automne, cette plante contribue beaucoup à l'éclat de nos parterres par ses belles formes irrégulières et ses fleurs si serrées, qu'on les prendrait pour des morceaux de velours cramoisi, agréablement échancrés. Elles sont terminales, ovales, disposées en épis longs, pendans, et ressemblent à un panache. Elles sont composées chacune de plusieurs feuilles disposées en rose. M. Deleuze observe que ce que l'on prend ici pour la fleur, ou, pour parler plus exactement, pour la corolle, n'est que le calice, qui est ordinairement coloré, et composé de trois ou de cinq feuilles.

On sème cette plante au mois de mars, sur couche, et on la lève sur la fin de juillet, pour la placer dans des pots ou dans des plate-bandes.

Il existe une autre espèce d'Amaranthe, appelée *tricolore*. Elle est originaire des Indes, et remarquable par ses feuilles nombreuses, rayées d'écarlate, de jaune et de vert. On cultive encore dans les jardins les *Amaranthines*, espèces d'Amaranthes à feuilles non panachées, mais couvertes d'une sorte de duvet cotonneux.

Cowley a chanté l'Amaranthe. Voici comment il la fait parler dans son poëme, liv. 4 :

AMARANTHUS.

Imbelles Violæ, futilis et Rosa,
Eheu, purpureâ præcipites fugâ,
Formosos pueros atque puellulas
Ornent hemerocallidas.

Nos æterna Deûm tempora cingimus,
AEternis comites semper honoribus;
Et nunquam capiti vel coma decidit,
Vel nos decidimus comis.

Spectate innumeras undique stellulas
Gemmantes superis in viridariis;
Sunt nostri similes, si mihi creditis,
Sunt flores Amaranthini.

Sunt floris titulum qui mihi denegant,
Et spicam vocitant floream, ineptuli;
Non vulgare quidem (nec pudet hoc) decus,
Sed privum et proprium est mihi.

Me formâ fateor surgere dispari,
Et vultu insolito; sed quid habet novi
Immortalia si germina differunt
A mortalibus omnibus?

L'AMARANTHE.

« Périssables Violettes, Roses fugitives, vous dont un seul jour ternit les couleurs, soyez la parure des jeunes bergères dont la beauté est aussi éphémère que la vôtre. Moi, je ceins la tête des Dieux immortels; associées à leurs honneurs suprêmes, mes fleurs jamais ne quittent leur front, comme jamais mon front ne se dépouille de ses fleurs. Voyez toutes ces petites étoiles semées comme des milliers de diamans dans les jardins célestes; eh bien, ce sont des fleurs semblables à moi, ce sont de véritables Amaranthes. On prétend quelquefois que je suis moins une fleur qu'un épi fleuri; et l'on croit par-là me ravaler! C'est m'attribuer un genre de beauté qui n'est pas vulgaire; il n'appartient qu'à moi, et je m'en fais un titre de gloire. Il est vrai, je ne ressemble à aucune autre fleur: ma forme a quelque chose d'étrange; mais faut-il s'en étonner? Une plante immortelle ne peut avoir rien de commun avec toutes celles qui sont sujettes à périr ».

NOTES SUR L'IDYLLE XV.

L'IMMORTELLE (*Xeranthemum annuum*, *Speciosissimum*, *Fulgidum*, Linn.).

Ces trois espèces d'Immortelles sont le plus généralement cultivées. La première, et la plus commune, est originaire d'Autriche; nous devons les deux autres au Cap de Bonne-Espérance.

L'Immortelle s'élève peu; sa tige, très-dure, lanugineuse, garnie de feuilles vertes, velues et blanchâtres, porte à son sommet une fleur en forme de boule, composée de plusieurs fleurons réguliers, soutenus par des calices écailleux fort secs. Quelquefois deux boules semblables, mais plus petites, l'accompagnent de chaque côté, et partent du même point. Sa couleur est rouge, blanche ou jaune. Elle croît d'elle-même dans les terreins sablonneux et arides

des pays méridionaux. Elle mérite son nom ; car, tandis que les autres fleurs se dessèchent ou tombent après avoir brillé quelques jours, l'Immortelle, inaltérable dans sa forme et dans ses couleurs, subsiste sans se faner, même après qu'elle a été séparée de sa tige ; effet qu'il faut attribuer à ce que les pétales de ses fleurs sont naturellement dans un état de siccité semblable à celui qu'on procure à d'autres fleurs, en les faisant dessécher dans un bain de sable chaud, afin de les conserver.

L'Immortelle est la fleur de l'amitié ; sa durée la fait aussi regarder comme le symbole des œuvres du génie. C'est ordinairement sous ce double aspect que les poëtes la considèrent.

M. Hoffman l'a très-agréablement mise en opposition avec la Rose, dans la fable suivante :

LA ROSE ET L'IMMORTELLE,

Fable.

Dans un bosquet, la Rose et l'Immortelle
Prirent dispute un beau matin.
Vous qui de ces deux fleurs ornez votre jardin,
Écoutez leurs raisons, et jugez la querelle.
La Rose disait : Je suis belle ;
Fille de Flore et de Zéphir,
Je m'ouvre en saluant l'Aurore.
Je vois, à mon aspect, tout le ciel s'embellir,
Et les rayons du jour me recherchent encore,
Lorsque dans l'onde ils vont s'ensevelir.
Des doux pleurs du matin mes feuilles imbibées,
Et vers mon sein vermeil mollement recourbées,
Forment une grotte d'amour
D'où s'exhale une odeur qui parfume le jour

J'accompagne Vénus, je flotte à son corsage ;
Et lorsque, dans Paphos on lui rendait hommage,
Les Amours ont souvent douté
Laquelle plaisait davantage,
Ou de la Fleur, ou de la Déité.
Enfin, mon doux parfum, mon éclat, ma verdure,
Fixent autour de moi les Amours du canton,
Et j'orne du plus beau fleuron
La couronne de la Nature.
Ma sœur, vous vous vantez toujours,
Reprit l'humble Immortelle, et vous n'êtes pas sage.
Plus que moi, j'en conviens, vous plaisez aux Amours ;
Mais j'ai sur vous un bien grand avantage ;
Vous mourez avec les beaux jours :
On me voit briller à tout âge.

O vous en qui la vanité
Préfère à tout la gloire d'être belle,
Retenez bien cette moralité :
La Rose nous peint la beauté,
Mais le talent est l'Immortelle.

NOTES

Sur LA GRENADILLE, PASSIFLORE, ou FLEUR DE LA PASSION (*Granadilla*, *Passiflora*, Linn.).

J'ai détaillé dans la préface les motifs qui m'ont déterminé à extraire la Grenadille de la collection des Idylles, pour la placer parmi les poésies fugitives. Mais je vais donner ici les notes qui la concernent.

La Passiflore, ainsi nommée parce que l'on a comparé les diverses parties de sa fleur aux instrumens de la passion de Jésus-Christ, a également reçu le nom de Grenadille, parce que l'intérieur de son fruit ressemble un peu à celui des Grenades.

Les racines de cette plante sont rampantes, nouées, fibreuses, de couleur grisâtre; sa tige est sarmenteuse, ligneuse et grimpante; elle jette des tenons ou mains qui lui servent pour s'attacher aux murailles ou aux arbres voisins, comme le lierre. Ses feuilles, simples ou lobées, et même palmées, sont alternes, d'une odeur d'herbe et d'un goût un peu âcre. Leur pétiole est garni de glandes le plus souvent, et porte à sa base deux petits appendices ou oreilles fort vertes, et une longue vrille roulée en spirale. Les fleurs sortent pendant tout l'été des aisselles des feuilles. Chacune d'elles a un calice en forme de godet à la base, et à limbe épanoui en cinq grandes divisions colorées, et accompagnées souvent d'un involucre d'une ou de trois pièces. Leur corolle a cinq pétales attachés sur le calice, disposés en cercle, quelquefois blancs, quelquefois bleuâtres. Du milieu de cette fleur s'élève un pistil garni de cinq étamines, qui, chargées de leurs sarmens, représentent en quelque sorte des marteaux; il soutient un jeune fruit qui figure le poteau où Jésus-Christ fut attaché; ce jeune fruit est surmonté de trois petits corps, qui sont les styles, et que l'on compare aux clous; entre la corolle et l'ovaire, qui porte les organes de la fécondation, est placée une couronne colorée, composée de deux ou trois rangées circulaires de filamens longs et inégaux; c'est ce qui rappelle la couronne d'épines.

Les Passiflores aiment les climats chauds, ce qui fait qu'on les multiplie difficilement dans les régions froides et tempérées de l'Europe. Deux espèces cependant se sont tellement accoutumées au sol de l'Espagne, de l'Italie et de la Provence, qu'elles y croissent presque sans culture.

Parmi les nombreuses espèces de Passiflores, on distingue sur-tout la belle Passiflore bleue (*Passiflora cærulea*, Linn.), qui, originaire du Pérou, se trouve répandue maintenant dans toute l'Amérique et dans les jardins de l'ancien continent. Ses tiges sarmenteuses s'élèvent à plus de vingt pieds de hauteur, à l'aide de leurs vrilles. Elles se couvrent de belles feuilles larges, et à cinq lobes aigus, ouverts. Les fleurs ont trois pouces de diamètre; leur corolle est blanche, et leur couronne est purpurine à sa base, bleue au sommet et blanche dans le milieu. Les fleurs se succèdent jusqu'en automne, et sont très-éphémères. On cultive cette plante en pleine terre aux environs de Paris; mais il faut avoir soin, pour la conserver en hiver, de couvrir son pied avec du fumier. Elle forme des berceaux agréables, et garnit très-bien les treillages.

Rapin décrit ainsi cette fleur, au livre premier de ses *Jardins* :

> Ferventes etiam tum Granadilla per æstus
> Prodit, Amazonii quam littore fluminis ortam
> Ad nos extremo Peruvia misit ab orbe.
> Flos alte incisas crispato margine frondes
> Caule in sublimi, vallo prætendit acuto,
> Spinarum in morem : patiens o Christe, tuorum
> Inscriptus foliis summa instrumenta dolorum.
> Nam surgens flore è medio, capita alta tricuspis
> Sursum tollit apex, clavos imitatus aduncos.

« Durant les ardeurs de l'été, parait la triste Grenadille. Elle a pris naissance sur les bords du fleuve des Amazones, et le Pérou, de l'extrémité du monde, l'a envoyée dans nos contrées. Placée sur une haute tige, elle semble porter une couronne épineuse au-dessus de ses feuilles profondément découpées, et bouclées sur les bords. Du sein même de cette fleur s'élève une colonne, surmontée de trois points séparés, semblables à des clous aigus. Divin Rédempteur, ce sont les signes augustes de vos cruelles douleurs qu'elle nous retrace » !

Cowley a traité aussi cette fleur, mais d'une manière beaucoup plus étendue :

Sanctior his longè *Maracottam* [1] causa profanis
Ridiculisque simul jussit abesse sacris,
Pictorum vatumque deos contemnit et odit,
Signata alterius relligione Dei.
Deridet Venerem et Floram, fœdumque Priapum,
Et Phœbum et ficti monstra jocosa poli.
Nescio quæ, latitant sed in hoc mysteria flore,
Magna quidem, et nostris non referenda modis.
Nec temerè, nec Naturæ sine mente parentis
Tam non vulgaris, tam nova forma data est.
Alba decem folia expandit : toga convenit alba
Virginibus castis, pontificumque choro.
Purpureâ duplicis limbi pars ima coronâ
Bis cincta est ; sancti martyris ille color.
Multa tegunt florem (sed tectus non latet ille)
Stamina inauratis subrubicunda crocis.
Hoc diadema aliqui, spinis horrentia serta,
Sanguine tincta sacro serta, referre putant.
Et porphyriaci consurgit marmoris instar
Undique sanguineis sparsa columna notis.
Sunt quoque, donati peracuto lumine visûs,
(Namque hebetes oculos plurima mira latent)
Pendula qui clarè mediâ summâque columnâ
Spongiolam, clavos, flagra cruenta vident.
Melle tument intus dulci, capitisque figuram
Parva coronati candida poma gerunt.

[1] Marcotte, nom donné par les Américains à la Passiflore. Les Espagnols l'ont nommée *Grenadille*, les jésuites *Fleur de la Passion* ; l'anglais Parkinson lui a donné le nom de *Clématite de Virginie*, parce que c'est de cette colonie qu'elle a été apportée pour la première fois en Angleterre.

At radix sub humum descendit longa profundam;
Tartara victricem visere velle putes.
Et quasi se totum cuperet complectier orbem,
Non extirpandâ fertilitate viget.

« La Grenadille refuse de paraître à la fête de Flore; un motif respectable l'éloigne de cette pompe profane. Eh! comment pourrait-elle ne pas mépriser, ne pas détester les dieux mensongers, si chers à la poésie et aux arts, elle qui porte le sceau d'une religion sacrée et de la véritable divinité? Loin d'elle, Apollon, Vénus, Flore, et ces dieux ridicules, fabuleux habitans d'un Olympe imaginaire! Cette fleur recèle dans son sein un grand mystère, un mystère ineffable, auquel mes chants ne peuvent atteindre. Ah! sans doute, ce n'est pas sans dessein que la Nature, en la formant, lui donna un caractère si particulier, une forme si extraordinaire! Elle déploie dix feuilles blanches; cette couleur, emblème de la pureté, sied aux vierges pudiques, comme aux chastes ministres des autels. L'extrémité de ses deux limbes, en se repliant, forme autour d'elle une double couronne de pourpre, témoignage sanglant d'un auguste et douloureux martyre. Au-dessus de la fleur s'étendent circulairement plusieurs filamens de pourpre et d'or, qui la couvrent sans la cacher. Dans ce diadême, on a cru retrouver la couronne d'épine, cette couronne teinte du sang d'un Dieu. Au centre, s'élève une colonne qu'on dirait de porphyre, toute parsemée de taches de sang. Une foule de merveilles échappent souvent à des yeux vulgaires; mais la vue perçante des observateurs attentifs aperçoit distinctement, au milieu et au sommet de la colonne, une éponge, des clous, un fouet ensanglanté. De petits fruits blancs, remplis d'un miel délicieux, représentent une tête ceinte d'une couronne. La racine se prolonge, et descend profondément dans la terre; on dirait qu'elle veut aller triompher des enfers; et, comme si elle voulait embrasser le monde entier, elle s'étend et multiplie au loin ses rejetons sans cesse renaissans.

FIN DES NOTES SUR LES IDYLLES.

POÉSIES DIVERSES.

POÉSIES DIVERSES.

LA PIÉTÉ FILIALE,

Romance dialoguée entre un Vieillard et une jeune Fille.

LE VIEILLARD.

Que fais-tu là, plaintive et solitaire,
Charmante Enfant, d'où naissent tes douleurs?
As-tu perdu ta brebis la plus chère?
Est-ce l'Amour qui fait couler tes pleurs?

LA JEUNE FILLE.

L'Amour n'a point encor troublé ma vie;
Mon agneau paît loin du loup ravisseur;
Je pleure, hélas, une mère chérie,
Que ce tombeau renferme.... avec mon cœur!

LE VIEILLARD.

Viens partager, ô jeune infortunée,
Mes soins, mes fruits, le lait de mon troupeau;
Aimable vigne aux vents abandonnée,
Viens près de moi, je serai ton ormeau.

LA JEUNE FILLE.

Courbé par l'âge, accablé de souffrance,
Mon père est seul : il attend mes secours ;
Il a pris soin d'élever mon enfance,
Qui prendrait soin de lui dans ses vieux jours?

LE VIEILLARD.

Près du tombeau d'une mère adorée,
Pourquoi veux-tu sans cesse aigrir tes maux ?
Quitte ces lieux ; ton ame déchirée
N'y peut trouver que des tourmens nouveaux.

LA JEUNE FILLE.

Ah ! dans ce lieu, qui seul m'offre des charmes,
De mes regrets j'aime à me pénétrer ;
Je tiens encore au bonheur par mes larmes ;
Près de ma mère, ah ! laisse-moi pleurer !

LA GRENADILLE

OU

FLEUR DE LA PASSION,

Idylle.

Vous que du sang des Dieux la Fable fit éclore,
Ou qui d'un sang mortel avez reçu le jour,
Aimables ornemens de l'empire de Flore
Qui me souriez tour-à-tour :

Pardonnez ; à mes yeux en vain votre éclat brille ;
J'abandonne un instant vos parfums, vos couleurs ;
J'ai chanté vos attraits : la triste Grenadille
Me demande aujourd'hui des pleurs.

De quel sombre appareil sa tête s'environne !
Auprès d'un pal sinistre, et de clous hérissé,
Repose un lourd marteau, qu'une affreuse couronne
Dans ses replis tient embrassé.

Pour qui réserves-tu ces apprêts redoutables,
Sévère Grenadille ? Eh ! quoi donc parmi vous,
Peuple charmant, est-il quelquefois des coupables,
Ainsi qu'il en est parmi nous ?

Non, non : vous respirez la candeur, l'innocence ;
Et si, près de vos fleurs, j'apperçois quelques traits,
Ces armes sont pour vous une juste défense,
Et non l'instrument des forfaits.

C'est pour l'Homme qu'il faut déployer la menace ;
L'Homme seul est perfide, ingrat et criminel ;
Pour lui rien n'est sacré ; sa téméraire audace
Ose braver même le Ciel.

Mais quel affreux tableau vient déchirer mon âme ?...
Je vois, je vois Solyme, et ce funeste lieu
Où, par mille tourmens, sur une croix infâme,
Des bourreaux immolent un Dieu.

O crime !... mais bientôt de la tombe féconde
Il s'élance, et la Mort reconnaît son vainqueur ;
Du Génie infernal il affranchit le monde,
Et s'élève en triomphateur.

Toi qui de son trépas nous retraces l'image,
Funèbre Grenadille, à nos yeux, chaque jour,
Que tes tristes couleurs offrent le témoignage
De nos forfaits, de son amour.

Sans cesse redis-nous : Quand votre auguste Maître
Pour vous rendre la vie expire sous vos coups,
Du moins, par vos vertus, songez à reconnaître
Le prix du sang versé pour vous.

A UN ORMEAU,

Idylle.

Toi par qui mon Père autrefois
A signalé le jour de ma naissance,
Ormeau chéri, qu'après ma longue absence
Avec plaisir je te revois !

Ton front dans les airs élancé,
Autour de moi déploie un vaste ombrage ;
Je songe, hélas, en voyant son feuillage,
Au tems sur ma tête amassé !

Tu t'élèves avec fierté,
Et moi, déjà, sous les ans je succombe ;
Je dormirai sans doute dans la tombe,
Quand tu seras dans ta beauté.

Quelle était mon aveugle erreur !
Long-tems perdu sur des rives lointaines,
J'ai rencontré les ennuis et les peines,
Et n'ai pu trouver le bonheur.

Séduit par des Amis trompeurs,
J'ai vu toujours ma bonne-foi trahie ;
L'Amour s'offrait pour consoler ma vie :
L'Amour a fait couler mes pleurs.

Je te retrouve après trente ans,
Ormeau témoin des jeux de mon jeune âge ;
Que ne peux-tu me rendre au moins l'image
Des jours heureux de mon printems !

Celui dont la main t'a planté,
Depuis long-tems a perdu l'existence ;
Et des Amis qu'a chéris mon enfance,
Un seul à peine m'est resté.

Ainsi, conduite par le Tems,
La Mort, hélas, tour-à-tour nous dévore !
Qui me dira combien d'instans encore
Me gardent les Dieux indulgens ?

Ah ! pour adoucir mes regrets,
Je veux user de la faveur céleste,
Et de mes jours consacrer ce qui reste
A l'imiter par des bienfaits.

Si le Destin remplit mes vœux,
Je vieillirai dans ce séjour champêtre ;
Je veux mourir aux lieux qui m'ont vu naître,
Où j'aurais vécu trop heureux !

Sous ton abri, tranquille Ormeau,
Je trouverai le calme après l'orage ;
Et puisse un jour ton fraternel ombrage
Couvrir mon paisible tombeau !

L'AMOUR GÉNÉREUX,

Idylle.

Que ce bocage paisible
A mon cœur offre d'attraits!
Libre de tout soin pénible,
Ici le Berger sensible
Se recueille, et rêve en paix.

Dans cette aimable retraite,
L'oreille entend, pour tout bruit,
Le doux chant d'une Fauvette,
Ou quelque source secrète
Que son murmure trahit.

Sous ce berceau tutélaire,
Perce à peine un demi-jour;
C'est l'asile du mystère:
Le seul rayon qui l'éclaire
Part du flambeau de l'Amour.

O Nina ! toi dont l'image
Autour de moi semble errer ;
Bergère naïve et sage,
Avec toi, sous cet ombrage,
Que ne puis-je m'égarer !

Puisses-tu, Nymphe chérie,
Venir ici quelque jour
Partager ma rêverie,
Sentir ton âme attendrie,
Et soupirer à ton tour !

Quel objet frappe ma vue ?...
J'entrevois sur le gazon
Une beauté demi-nue ;
Elle sommeille, étendue
Dans le plus doux abandon.

Est-ce une jeune Bergère,
Seule au rendez-vous promis ?
Ou la Reine de Cythère,
Qui, dans ce bois solitaire,
Attend un autre Adonis ?

Dieux ! c'est Nina qui repose....
Que son visage est serein !
Sur sa bouche demi-close,
Brille l'éclat de la rose
Qui s'ouvre aux pleurs du matin.

Cette onde limpide et pure
Vient de rafraîchir ses sens ;
Et son paisible murmure
A, sur ce lit de verdure,
Fermé ses yeux languissans.

Dieu d'amour, en ma puissance
Tu vas livrer ses appas !
Tu couronnes ma constance ;
Par toi, Nina, sans défense,
Va succomber dans mes bras !

Que dis-je ? Ah, Nina ! pardonne....
Mon cœur m'éclaire et m'instruit ;
La fleur que l'Amant moissonne,
Est tout quand on la lui donne,
Et n'est rien s'il la ravit.

Laissons l'Amant téméraire
S'applaudir d'un vain bonheur ;
En respectant ma Bergère,
Ma couronne la plus chère,
Je l'obtiendrai dans son cœur.

Fuyons loin de ce bocage :
Laissons-lui son doux repos ;
Mais sur l'écorce sauvage
De ce hêtre qui l'ombrage,
En partant, gravons ces mots :

« Nina, que rien ne t'éveille ;
» Au sein même du danger,
» Quand ta prudence sommeille,
» La Vertu, qui pour toi veille,
» Vient d'éloigner ton Berger ».

A TOI,

Romance.

Je t'aime, hélas! et n'ose te le dire;
Je t'aime, ô toi que je crains de nommer!
Si dans mes yeux, du moins, tu voulais lire
Ce que ma voix redoute d'exprimer!

Un trouble heureux m'agite et m'inquiète,
Quand, par hasard, ma main touche ta main;
Le cœur me bat : ma rougeur indiscrète
Trahit l'ardeur qui dévore mon sein.

Si quelquefois ta bouche enchanteresse
A demi-voix soupire un air flatteur,
Dieux, quels transports! quelle brûlante ivresse,
Avec tes chants, coule jusqu'à mon cœur!

Est-ce pour moi que ton âme attendrie
Aime à former ces accords languissans,
Ces sons si doux, dont la molle harmonie
Ravit, enivre, embrâse tous mes sens?

Quel est celui dont l'image chérie
Vient quelquefois frapper ton souvenir,
Pour qui ta douce et tendre rêverie
Laisse, en secret, échapper un soupir ?

Assez heureux pour ne point te déplaire,
Si mon amour peut suffire à tes vœux,
Si tu me vois à tes pieds sans colère,
Faible Mortel, j'égalerai les Dieux.

Peut-être, hélas ! ton oreille s'offense
D'un aveu tendre exprimé sans détours ;
Si tu voulais deviner mon silence,
Je promettrais de me taire toujours.

REGRETS D'UN TROUBADOUR,

Romance.

O lyre fidelle et chérie,
Seul bien qu'on n'a pu me ravir,
Si tu ne consoles ma vie,
Je n'ai plus, hélas, qu'à mourir !

J'ai possédé quelque richesse,
J'ai tout perdu par l'injure du sort ;
J'eus des amis, une maîtresse :
Ils sont tombés sous les coups de la Mort.

Vainement ma voix gémissante
S'efforcerait de chanter les plaisirs ;
Viens, ô ma lyre si touchante,
Viens, sous mes doigts, imiter mes soupirs !
Compagne fidelle, etc.

Où sont les accents d'allégresse
Que tu formais aux jours de mon bonheur,
Lorsque, plein d'une douce ivresse,
Je célébrais les nœuds chers à mon cœur ?

Las ! ils ne peuvent plus m'entendre
Ceux qui jadis animaient mes concerts ;
Il ne me reste que leur cendre,
Et je suis seul, hélas, dans l'univers !
Compagne fidelle, etc.

Viens, je veux, ô lyre plaintive !
Faire aux enfers entendre tes accords ;
Et, vainqueur de la sombre rive,
Ravir sa proie à l'Empire des morts.

Vaine chimère où je m'égare !...
Hélas ! pour eux, que peut ma faible voix ?
A-t-on vu l'Achéron avare
Souffrir jamais qu'on le passât deux fois ?

O lyre fidelle et chérie,
Seul bien qu'on n'a pu me ravir,
Si tu ne consoles ma vie,
Je n'ai plus, hélas, qu'à mourir !

LE SERMENT INUTILE,

Ode anacréontique.

Amour, Amour, sous ton funeste empire,
J'ai trop payé de trompeuses douceurs;
Je romps mes fers, et brise enfin la lyre
Qui, sous mes doigts, célébra tes faveurs.

Ah! qu'enchaîné sur l'infernale rive,
Des Dieux vengeurs j'épuise les tourmens,
Si je soumets ma tête encor captive
Au joug cruel qui courbe les Amans.

Ainsi mon cœur exhalait sa colère:
L'Amour parut, et je fus désarmé;
Tel, sur la nue où gronde le tonnerre,
Un rayon brille, et l'orage est calmé.

Ingrat, dit-il, ton délire est extrême!
En vain ton cœur veut abjurer mes droits;
Libre aujourd'hui, je te verrais toi-même
Demain t'offrir à rentrer sous mes lois.

Vois, dans mes mains, cette lyre brillante :
Je la reçus de Phébus l'autre jour ;
Je t'en fais don : l'Amour te la présente,
Toi, ne t'en sers que pour chanter l'Amour.

Mais quoi ? troublé d'une crainte inquiète,
Tu n'oses rompre un frivole serment ?
Rassure-toi ; l'Amant et le Poète
Peut se montrer parjure impunément.

LE RUISSEAU,

Idylle.

Joli Ruisseau, que mes années
Ont de rapports avec ton cours!
Sous de semblables destinées
S'écoulent tes eaux et mes jours.

Tu rencontres, dans tes voyages,
Des champs féconds, de frais bocages,
Et des bords chéris du Berger;
Quelquefois des plages désertes,
De ronces, d'épines couvertes,
Où l'homme craint de s'engager.
Joli Ruisseau, etc.

Lorsqu'à midi, de leurs haleines,
Les Vents d'été brûlent nos plaines,
Tu désaltères nos troupeaux;
Mais, pour prix de ta bienfaisance,
Souvent leur ingrate imprudence
D'un noir limon trouble tes eaux.
Joli Ruisseau, etc.

Une roche aride et sauvage
Parfois s'élève à ton passage,
Et voudrait suspendre ton cours;
Laissant une lutte inutile,
Tu poursuis ta course fertile,
En prenant de légers détours.
Joli Ruisseau, etc.

Crains ce Fleuve, qui, de son onde,
Dans le sein de la Mer profonde
Porte les superbes tributs;
Loin de son passage rapide,
Fuis, Ruisseau modeste et timide;
Si tu l'approches, tu n'es plus.
Joli Ruisseau, etc.

Ah, vois son faste sans envie!
En vain sa vague enorgueillie
Insulte à ton obscurité;
Il porte le luxe en nos villes:
Dans nos champs, tes dons plus utiles
Répandent la fécondité.
Joli Ruisseau, etc.

Loin des jardins de l'opulence,
Tu promènes ton inconstance
Sur un lit pur, bordé de fleurs;
Dans le marbre, ton eau captive
Sans doute eût regretté sa rive,
Son sable d'or, et ses erreurs.
Joli Ruisseau, etc.

Long-tems, dans ta course inégale,
Éludant la pente fatale,
Tu fuis et reviens tour à-tour;
Mais enfin, ton onde limpide
Tombe dans l'Océan avide,
Où tu disparais sans retour.

Joli Ruisseau, que mes années
Ont de rapports avec ton cours!
Sous de semblables destinées
S'écoulent tes eaux et mes jours.

LES PLAISIRS DU COLLÉGE,

Couplets chantés dans une réunion d'anciens Élèves du Collége de Montaigu.

Air : *De la Croisée.*

JADIS Gresset, dans les loisirs
De sa Chartreuse solitaire,
Du Monde chantait les plaisirs
D'une voix facile et légère.
Aux plaisirs du Monde, à mon tour,
Par un contraire privilége,
Je veux opposer en ce jour
Les plaisirs du Collége.

Tous les cœurs généreux et bons,
Au Collége savaient s'entendre ;
Dans le Monde, mille fripons
Nous caressent pour nous surprendre.
Maint rival, pour nous supplanter,
S'applaudit de nous tendre un piége ;
Oh! combien on doit regretter
Les rivaux de Collége !

Chez nous, par des traits innocens,
Des Amis se faisaient la guerre;
Ailleurs, dans des combats sanglans,
Mars fait retentir son tonnerre.
Plus d'un brave Soldat, je crois,
Dans un bivac ou dans un siége,
Se rappelle encore parfois
    Les combats du Collége.

Au champ d'honneur, si nos Guerriers
Cueillent les palmes de Bellone,
Jadis, tous les ans, les lauriers
Pour nous se tressaient en couronne.
Sans doute, si j'en crois Villars,
On peut, sans être sacrilége,
Comparer aux lauriers de Mars
    Les lauriers du Collége.

Plaignons ce Crésus ignorant
En prose, ainsi qu'en poésie;
Léger d'étude, lourd d'argent,
Du matin au soir il s'ennuie.

A sa table, que, sans façon,
Un essaim parasite assiége,
Il ne voit jamais, pour raison,
Un Ami de Collége.

Que sont ces festins où les Grands
Étalent leur magnificence,
Près du Banquet qui, tous les ans,
Rompait notre longue abstinence?
Oui; parmi les fêtes des Cours,
Au sein du plus brillant cortége,
On doit se rappeler toujours
Les fêtes du Collége.

Honneur au respectable Corps,
Dont la tendre sollicitude
Guidait nos timides efforts
Dans la carrière de l'Étude.
Sa gloire était dans nos succès,
Qui n'étaient point dus au manége:
Par-tout on a des Maîtres.... mais
Vivent ceux du Collége!

Amis, dans ce jour solemnel,
Chantons le Sauveur de la France;
Chantons le Héros immortel
Dont Brienne a formé l'enfance.
L'Été n'a point de feux pour lui:
Pour lui l'Hiver n'a point de neige;
Et par-tout il est aujourd'hui
    Vainqueur comme au Collége.

Buvons aux braves Généraux
Dignes compagnons de sa gloire,
Dont la valeur, sous nos drapeaux,
Enchaîne à jamais la victoire.
Tout redit leurs exploits fameux,
Des bords du Nil à la Norwège;
Les triomphes ne sont pour eux
    Que des jeux de Collége.

LA BERGÈRE FUGITIVE,

Romance dialoguée entre un Berger et une Bergère.

LE BERGER.

Les yeux en pleurs, pourquoi, jeune Bergère,
Si loin de nous, conduire ton troupeau?
Où vont tes pas? quelle douleur amère
Te fait ainsi t'exiler du hameau?

LA BERGÈRE.

Colin m'aimait; l'infidèle! il me quitte!
Un autre objet sait lui plaire aujourd'hui;
Je vais le fuir: quelque loin que j'habite,
Ah, je serai trop près encor de lui!

LE BERGER.

Aimable Enfant, crois-tu, sur ce rivage,
Laisser tes maux en fuyant leur auteur?
A tes côtés marchera son image;
En vain tu cours: on ne fuit point son cœur.

LA BERGÈRE.

Eh quoi ! faut-il que je l'entende encore
Vanter l'objet qui me ravit sa foi?
Qu'il soit heureux; mais que du moins j'ignore
Que l'inconstant a pu l'être sans moi.

LE BERGER.

Oublie ici le cruel qui t'offense;
Ce ciel si beau, ces paisibles climats,
Furent témoins des jeux de ton enfance;
Quel bord lointain t'offrirait plus d'appas?

LA BERGÈRE.

Comment goûter, dans les maux que j'endure,
Le charme heureux de mes premiers plaisirs?
Ces prés, ces bois, si connus d'un parjure,
M'offrent, hélas, bien d'autres souvenirs!

LA MÉLANCOLIE,

Idylle.

Tendre langueur, jouissance paisible,
Trésor heureux, par qui l'Homme sensible
Touche au plaisir en répandant des pleurs :
Descends sur moi, douce Mélancolie ;
Viens pénétrer mon âme recueillie,
Et l'abreuver de tes molles douleurs.

Je laisse en proie à leur gaîté bruyante
Ces froids Mortels qu'une fougue inconstante
Va promenant de desirs en desirs ;
De leur fracas j'ai trop connu le vide :
Leurs vains transports, leur ivresse perfide,
Ne valent pas tes douloureux plaisirs.

C'est dans ton sein que l'Amitié trahie,
L'Amour trompé, la Vertu poursuivie,
Viennent rêver le bonheur qui n'est plus ;
En gémissant, nous jouissons encore :
Ton charme heureux pour nous sait faire éclore
D'autres plaisirs de nos plaisirs perdus.

Eh ! quels transports vaudraient ta jouissance,
Lorsqu'un écrit, langage de l'absence,
Vient d'un Amant suspendre les douleurs ?
Oh ! c'est alors que ta douceur suprême
Peut égaler la félicité même
Dont le regret lui coûte tant de pleurs !

Qui n'envîrait sa peine intéressante,
Quand de Phébé la clarté pâlissante
Luit sur sa tête, et laisse errer ses pas ?
Pour un instant tu lui rends son Amie ;
Seul, il lui parle : et, dans sa rêverie,
Il croit encor la presser dans ses bras !

Mais, qui pénètre en ce funèbre asile ?
Quelle Beauté, d'un pas lent et tranquille,
Le front penché, s'avance en soupirant ?
Ah ! c'est, sans doute, une jeune Bergère,
Que tu conduis, plaintive et solitaire,
Vers le tombeau d'un Père, ou d'un Amant !

O mes Amis, craignez de la distraire !
Ne touchez pas, d'une main téméraire,

Au trait chéri qu'elle porte en son cœur !
Epargnez-lui des soins qu'elle redoute ;
En ce moment, je la plaindrais, sans doute,
D'avoir près d'elle un vain consolateur.

Dans mes beaux jours, je fus aimé d'Adèle....
Elle n'est plus.... son image fidèle
Vit dans mon âme, et nourrit ma douleur.
Ah ! croyez-moi, le regret a ses charmes !
L'Infortuné qui sait verser des larmes,
N'est point encore étranger au bonheur !

Douce tristesse, épanchement aimable,
Toi qui m'unis au sort de mon semblable,
Quand du malheur il éprouve les coups :
Mon cœur ému te goûte avec délice !
Sterne, Héloïse, Young, et toi, Clarisse,
Oh ! combien j'aime à pleurer avec vous !

Sois désormais ma seule jouissance,
Plaisir du cœur ; que ta calme influence
Remplace en moi la joie et ses éclats.
De l'Homme aimant voluptés précieuses,

Mol abandon, larmes délicieuses,
Je plains celui qui ne vous connaît pas !

INSCRIPTION

Gravée sur un Arbre, auprès d'une Fontaine d'eaux minérales.

CE beau Vallon a mérité
Doublement ma reconnaissance;
Ici, j'ai trouvé la santé,
Et perdu mon indifférence.

VERS

Pour être mis au-dessous du Portrait de M. le Maréchal Sénateur KELLERMANN.

PAR la prudence et le courage,
Placé toujours aux premiers rangs,
Il fut un Héros dans les camps :
Le Sénat en lui trouve un Sage.

A MES AMIS.

Pourquoi me reprocher sans cesse
Ces fruits de mon oisiveté,
Ces faibles vers que la paresse
Abandonne à l'obscurité ?

Soit que, sur ma lyre amoureuse,
Confidente de mes plaisirs,
D'une ivresse voluptueuse
Je consacre les souvenirs ;

Soit qu'une douce et tendre plainte
Se mêle aux accents du bonheur,
Ma plume trace, sans contrainte,
Ce que, sans art, dicte mon cœur.

Eh ! que m'importe qu'on partage
Ma peine ou ma félicité ?
Je ne veux point d'un vain suffrage
Par un long travail acheté.

Épris d'une frivole gloire,
Qu'un autre épuise ses esprits,
Pour consigner à la mémoire
Un nom fameux par des écrits;

Je suis loin de porter envie
A sa vaine célébrité :
Que fait au bonheur de la vie
La future immortalité ?

A l'honneur d'enfanter un livre,
Je préfère mes doux loisirs;
Et, peu jaloux de me survivre,
J'écris, pour chanter mes plaisirs.

Des jouissances du bel âge
Le prestige est si-tôt détruit!
Je veux au moins que leur image
Survive au bonheur qui me fuit.

Lorsqu'un jour la froide vieillesse
Enchaînera mes pas tremblans,
De ma fugitive jeunesse
Je reverrai ces monumens.

Je sentirai des pleurs éclore
Au souvenir de mes amours,
Et, du moins un instant encore,
Je revivrai dans mes beaux jours.

FIN DES POÉSIES DIVERSES.

EXTRAITS

DE

DIVERS AUTEURS.

J'ai annoncé, dans les Notes sur les Idylles, quelques morceaux de Poésie latine, où sont traités les mêmes sujets. Je vais les donner ici avec la traduction que j'en ai faite. Je préviens le Lecteur que j'ai réduit quelques-unes de ces pièces, et notamment celles de Cowley, quand leur étendue ou le goût m'a paru l'exiger; peut-être trouvera-t-on que j'aurais pu les réduire encore davantage.

IDYLLIUM

EX ANGELO POLITIANO.

In Violas dono acceptas ab amicâ.

Molles o Violæ, Veneris munuscula nostræ,
Dulce quibus tanti pignus amoris inest;
Quæ vos, quæ genuit tellus? quo nectare odoras
Sparserunt Zephiri mollis et Aura comas?
Vos ne in Acidaliis aluit Venus aurea campis,
Vos ne sub Idalio pavit Amor nemore?
His ego crediderim cytharas ornare corollis
Permessi in roseo margine Pieridas.
Hoc Flore ambrosios incingitur Ora capillos,
Hoc tegit indociles Gratia blanda sinus.
Hæc Aurora suæ nectit redimicula fronti,
Cum roseum verno pandit ab axe diem.
Talibus Hesperidum rutilant violaria gemmis,
Floribus his pictum possidet Aura nemus.
His distincta pii ludunt per gramina Manes,
Hos fœtus vernæ Cloridos herba parit.

Felices nimium Violæ quas carpserit illa
Dextera, quæ miserum me mihi surripuit.
Quas roseis digitis formoso admoverit ori,
Illi, unde in me spicula torquet Amor.
Forsitan et vobis hæc illinc gratia venit,
Tantus honor dominæ spirat ab ore meæ!

IDYLLE

TRADUITE D'ANGE POLITIEN.

Sur des Violettes qu'il a reçues de sa Maîtresse.

O douces Violettes ! présent d'une main chérie, gages précieux du plus ardent amour, quels champs fortunés vous ont donné la naissance ? de quel nectar la molle haleine des Zéphirs a-t-elle parfumé vos fleurs odorantes ? Est-ce Vénus qui, sur les bords d'Acidalie, vous a prodigué ses soins ? Est-ce l'Amour qui vous a cultivées dans les bosquets d'Idalie ? Ah ! sans doute, c'est vous qui formez les guirlandes dont les Muses aiment à orner leurs lyres sur la rive émaillée du Permesse ; ce sont vos fleurs qui ceignent la tête de la riante Hébé, et qui voilent à demi le sein des Grâces folâtres. L'Aurore pare son front de vos couleurs, lorsque, dans les beaux jours du printems, elle ouvre les portes de l'Orient vermeil. Vos saphirs brillent dans les jardins des Hespérides et dans les bois consacrés aux Nymphes aériennes ; vous tapissez les gazons que foulent les Ombres fortunées ; vous êtes l'ornement des prés fleuris, où vient s'ébattre au printems la jeune épouse de Zéphir.

Trop heureuses Violettes ! vous avez été cueillies par la Beauté qui m'a ravi à moi-même ; ses doigts de rose vous ont approchées de ses lèvres, de ces lèvres charmantes d'où l'Amour lance ses traits dans mon cœur. Sans doute vous leur

Aspice lacteolo blanditur ut illa colore,
Aspice purpureis ut rubet hæc foliis.
Hic color est dominæ roseo cum dulcè pudore
Pingit lacteolas purpura grata genas.
Quàm dulcem labris quàm latè spirat odorem!
En, Violæ, in vobis ille remansit odor.
O fortunatæ Violæ, mea vita, meumque
Delicium, o animi portus et aura mei!
A vobis saltem, Violæ, grata oscula carpam,
Vos avidâ tangam terque quaterque manu.
Vos lacrymis satiabo meis, quæ multa per ora
Perque sinum vivi fluminis instar eunt.
Combibite has lacrymas, quæ lentæ pabula flammæ
Sævus Amor nostris exprimit ex oculis.
Vivite perpetuùm, Violæ, nec solibus æstas,
Nec vos mordaci frigore carpat hyems.
Vivite perpetuum miseri solamen amoris,
O Violæ, o nostri grata quies animi!
Vos eritis semper mecum, vos semper amabo,
Torquebor pulchrâ dum miser a dominâ.
Dumque cupidineæ carpent mea pectora flammæ,
Dum mecum stabunt et lacrymæ et gemitus.

devez l'éclat dont vous brillez à mes yeux; sans doute chacune de vos fleurs a emprunté ses attraits à cette bouche divine. Auprès d'une Violette éclatante de blancheur, j'en aperçois une autre qui étale l'incarnat de sa corolle pourprée; tel est le teint de ma Maitresse, lorsque ses joues d'albâtre se colorent des roses de la pudeur timide; dans la douce odeur que vous exhalez, ô Violettes! je reconnais les parfums délicieux que répand au loin son haleine embaumée. Heureuses Fleurs! mon trésor, mes délices, la joie et le bonheur de ma vie! ah! que je puisse, du moins, vous couvrir de baisers; que je puisse promener mille fois sur vous mes mains avides! Laissez-moi vous inonder du torrent de larmes qui baigne mon visage et mon sein, et que le cruel Amour arrache de mes yeux! Buvez-les, ces larmes, alimens de la flamme qui me consume! Vivez, ô Violettes! puissiez-vous braver impunément les ardeurs de l'été et les outrages de l'hiver! vivez à jamais, ô précieuses Violettes! doux repos de mon cœur, consolation d'un amour malheureux! Restez, restez toujours avec moi, tant que la Beauté qui m'asservit exercera sur moi son cruel empire; soyez mes compagnes fidelles et chéries, tant que les feux de l'Amour dévoreront mon sein, et que les larmes et les soupirs seront mon seul partage!

VIOLA.

EX ABRAH. COWLEIO.

AUREUS portis Aries supernis
Exit, et Veris renovat triumphum;
Ferculum primum venio superbæ
Nobile pompæ.

Ut decet Veris sobolem decori,
Maximam natu sobolem decoram,
Purpurâ involvor, viridisque gesto in-
signia regni.

Regio quamvis veneranda cultu,
Regios odi tumidosque fastus,
Nec sinum amplexumque humilis parentis
Impia sperno.

Gaudet aspectu Cytherea nostro
Sentiens anni reditum tepentis;
Nec magis certa est calidorum Hirundo
Augur Amorum.

Ergo nascenti mihi multa raptim
Millia impingit Venus osculorum,
Et sacro labrum mihi purpurascens
Nectare tingit.

LA VIOLETTE,

PAR ABRAHAM COWLEY.

Le Bélier à la toison dorée sort des portes du Ciel, et ramène en triomphe la saison des beaux jours. Fille aînée du Printems, et le plus bel ornement de sa cour, j'ouvre son brillant cortège, et pour paraître dignement à sa fête solemnelle, je revêts une pourpre éclatante, auguste symbole de mon empire sur le Peuple des Fleurs. Mais, quoiqu'environnée de la pompe royale, je hais l'appareil fastueux qui accompagne le trône, et je m'appuie avec reconnaissance sur le sein de la terre qui m'a donné le jour.

A mon aspect, Cythérée sourit: elle sait que ma présence va ranimer les feux de l'univers; l'hirondelle n'annonce pas avec plus de certitude le retour de la saison des Amours. Aussi, je parais à peine, que la Déesse me couvre de baisers, et imprime sur ma corolle ses lèvres humectées du nectar céleste. De-là, ma couleur purpurine; de-là, ces parfums ravissans qui, comme d'une odorante cassolette, s'exhalent de mon sein, lorsqu'il s'ouvre doucement au souffle amoureux des Zéphirs.

Hinc calix nostri simul atque Floris
Panditur blandâ resolutus aurâ,
Parva jucundos adaperta pixis
Fundit odores.

Dumque odoratum mea mulcet aura,
Dumque gustatum sapor ipse inescat,
Dumque mirantes color et venustas
Palpat ocellos,

Utili lenocinio salubres
Corpori succos simùl administro;
Blanda et ægroto medicina quondam
Digna Epicuro.

Fervidos hostes minimo tumultu
Exigo sensim sine clade victrix;
Corpus haud sentit placide peracti
Vulnera belli.

Cedit, et cessisse rubescit herbæ
Ad coronamenta epulasque natæ,
Virium atque iræ nimium potentis
Conscia febris,

Ponit ut ventus, timidèque mussat,
Ipse Neptunus simùl atque lætum,
Increpans ventos, caput æstuosis
Extulit undis.

Je charme à-la-fois les yeux, le goût, l'odorat ; mais ce n'est point assez encore : mes sucs, comme un charme puissant, rappellent la santé dans les corps affaiblis. Jadis, Epicure malade n'eût imploré que moi. Sans effort, sans secousse, je triomphe des maux les plus violens ; à peine s'est-on aperçu du combat que je leur ai livré.

La Fièvre cruelle et dévorante fuit à mon aspect, et rougit de se voir désarmée par une plante qui ne semblait née que pour embellir les festins et couronner les Bergères. Ainsi tombent la fureur et le murmure des vents, lorsque Neptune, élevant son front au-dessus de la mer agitée, les gourmande de sa voix redoutable, et ramène la sérénité sur les flots que son regard a calmés.

IDYLLIUM

EX AUSONIO.

ROSAE.

Ver erat, et blando mordentia frigora sensu
  Spirabat croceo mane revecta dies.
Strictior Eoos præcesserat aura jugales,
  AEstiferum suadens anticipare diem.
Errabam riguis per quadrua compita in hortis,
  Maturo cupiens me vegetare die.
Vidi concretas per gramina flexa pruinas
  Pendere, aut olerum stare cacuminibus;
Caulibus et patulis teretes colludere guttas,
  Et cœlestis aquæ pondere tunc gravidas.
Vidi Pæstano gaudere rosaria cultu,
  Exoriente novo roscida Lucifero.
Rara pruinosis canebat gemma frutetis,
  Ad primi radios interitura diei.
Ambigeres, raperetne Rosis Aurora ruborem,
  An daret: et flores tingeret orta dies.
Ros unus, color unus, et unum manè duorum;
  Syderis, et floris nam domina una Venus.
Forsan et unus odor; sed celsior ille per auras
  Diffluit: expirat proximus iste magis.
Communis Paphie dea syderis, et dea floris,
  Præcipit unius muricis esse habitum.

IDYLLE

TRADUITE D'AUSONE.

LES ROSES.

C'était au printems : l'Aube naissante annonçait, par un frais délicieux, le prochain retour du Soleil, et son souffle, plus piquant, invitait à prévenir le moment où le char du Dieu du Jour embraserait l'atmosphère. Séduit et ranimé par l'éclat d'une belle matinée, j'errais parmi les plate-bandes de mon parterre ; les humides vapeurs de la nuit descendues sur les plantes, s'étaient condensées en gouttes limpides dans leurs corolles épanouies, ou se jouaient suspendues aux feuilles, et courbaient les tiges affaissées sous leur poids. Fiers de leur éclat et de leur fraicheur, mes Rosiers, au lever de l'étoile du matin, se pénétraient de la céleste ondée ; sur leurs tiges blanchissantes brillaient encore quelques perles, qui allaient bientôt s'évaporer aux premiers rayons du soleil. On aurait pu douter si l'Aurore prêtait son éclat à la Rose, ou si elle lui empruntait le sien. Leur couleur, leur durée est la même : toutes deux s'abreuvent de rosée ; Vénus, leur mère commune, les a revêtues toutes deux de la même pourpre ; peut-être ont-elles aussi une égale odeur : mais l'une, trop éloignée de nous, dissipe ses parfums dans les airs, tandis que l'autre, plus rapprochée, nous embaume des siens.

Momentum intererat, quo se nascentia Florum
    Germina comparibus dividerent spatiis.
Hæc viret angusto foliorum tecta galero :
    Hanc tenui folio purpura rubra notat.
Hæc aperit primi fastigia celsa obelisci,
    Mucronem absolvens purpurei capitis.
Vertice collectos illa exsinuabat amictus,
    Jam meditans foliis se numerare suis.
Nec mora : ridentis calathi patefecit honorem,
    Prodens inclusi semina densa croci.
Hæc modò, quæ toto rutilaverat igne comarum,
    Pallida collapsis deseritur foliis.
Mirabar celerem fugitivâ ætate rapinam,
    Et dùm nascuntur, consenuisse Rosas.
Ecce et defluxit rutili coma punica floris,
    Dùm loquor : et tellus tecta rubore micat.
Tot species, tantosque ortus, variosque novatus
    Una dies aperit : conficit una dies.
Conquerimur, Natura, brevis quod gratia Florum est;
    Ostentata oculis illicò dona rapis.
Quàm longa una dies, ætas tàm longa Rosarum,
    Quas pubescentes juncta senecta premit.
Quam modò nascentem rutilus conspexit Eous,
    Hanc rediens sero vespere vidit anum.
Sed benè, quòd paucis licet interitura diebus,
    Succedens ævum prorogat ipsa suum.
Collige, Virgo, Rosas, dùm flos novus, et nova pubes,
    Et memor esto ævum sic properare tuum.

En ce moment, les Roses naissantes se développaient successivement à mes yeux. L'une m'offrait un bouton muni de son étroite et verte enveloppe ; l'autre, par un léger filet de pourpre, annonçait son riche trésor. Celle-ci, déchirant sa tunique, laissait apercevoir le sommet de sa corolle ; celle-là, affranchie de ses liens, et développant ses pétales vermeils, allait inviter l'œil à les compter, et bientôt déployant en liberté les richesses de son sein, étalait l'or de ses nombreuses étamines. Mais, à peine m'a t-elle ébloui un moment de ses rayons enflammés, qu'elle voit, l'une après l'autre, tomber ses feuilles décolorées.

Eh quoi ! à peine éclose, déjà tu expires ! ta robe pourprée se détache, et ses débris jonchent la terre ! un développement si brillant, tant d'éclat, tant d'attraits, sont l'ouvrage et la proie d'un matin ! Dieux jaloux, qui n'accordez aux fleurs qu'un triomphe passager, ne nous offrez-vous vos dons que pour les reprendre aussi-tôt ? La Rose n'existe qu'un instant, et l'aurore de sa vie touche à son déclin. L'astre qui le matin admira sa naissante beauté, la voit, le soir, mourante de vieillesse ; heureuse du moins de renaitre après sa mort, et de prolonger ainsi son existence !

Nymphe charmante, cueille des Roses tandis qu'elles sont jeunes et fraiches comme toi ; mais songe que bientôt tu dois passer comme elles.

ROSA,

EX ABRAHAMO COWLEÏO.

Esse me quisquam dubitare possit
Sanguinem verum Veneris beatæ ?
Ipse germanum sine fraude vultus
Pingit amorem.

Quicquid hoc mundo superoque pulchrum est,
Optat et gaudet Roseum vocari ;
Hæc puellarum propè summa laus est,
Summa dearum.

Me colit Princeps Orientis alti
Memnonis mater, similesque nobis
Vel sibi tantum digitos habere
Ducit honori.

Cum dies portâ bipatente cœli,
Prodit aurato nitidus triumpho,
Cærulam nimbis Roseis plateam
Molliter Horæ

Divites spargunt : superas coronis
Undique exornant Roseis fenestras ;
Primus exorti videor diei or-
natus et omen.

LA ROSE,

TRADUITE D'ABRAHAM COWLEY.

Si l'on pouvait douter que je dois la naissance au sang de la belle Vénus, à mon éclat, à mes attraits, on serait forcé de reconnaitre en moi la sœur de l'Amour. Tout ce que les cieux et la terre offrent d'aimable, s'honore et s'embellit du nom de la Rose. C'est de la Rose que les Déesses et les jeunes mortelles empruntent leur principale beauté. La mère de Memnon, qui préside aux riches couleurs de l'Orient, me chérit, et se fait gloire d'avoir des doigts de Rose.

Lorsque, monté sur un char d'or, le Père du Jour sort de sa demeure céleste et se montre dans toute sa splendeur, la main des Heures étend avec grâce mille nuages de Roses sur la route azurée qu'il va parcourir, et me suspend en guirlandes aux voûtes de l'Olympe. C'est sous mes brillans auspices [illegible] ses premiers pas, et, lorsqu'après avoir fin[illegible] brillante carrière, fatigué de sa course brûlante, il va rentrer dans son palais, je m'avance

Cumque jam laudis satur æstuosæ
Se domum pompâ recipit peractâ,
Limine occurro, reducique læto
Gratulor ore.

Elegans pulchri speculator oris,
Arbiter formæ criticus Cupido,
Intuens vultus vacuos Rosarum
Vitat et odit.

Sic Apis (quandoque meus, fatebor,
Melleæ frater similis volucri est)
Præterit flores inopes odorum, ig-
nobile vulgus.

Ipsa nimium nisi tincta plenè
Spiritu vivo fuerint Rosarum
Ipsa, vix summis patienda labris,
Oscula sordent.

Quid mihi objectant breve tempus ævi?
Non ob hoc regina minus vocari
Debeo; hoc obsit mihi nuncupari
Si Dea vellem.

Arroget nomen superis dicatum,
Nomen immortale Amaranthus audax;
Arroget: nullum tamen ipsa novi
Nestora florem.

Ah! potens flores nimium propago,
Et videremur genus invidendum,
Longa si tanti, propria et decoris
Dona fuissent.

à sa rencontre, et d'un visage riant et serein, je l'accueille à son retour.

L'Amour, juge délicat et suprême de la beauté, s'éloigne avec mépris des visages qui ne sont point semés de Roses. C'est ainsi que l'Abeille (et bien souvent l'Amour n'est qu'une Abeille!) passe dédaigneusement auprès des fleurs inodores. Le baiser lui-même, s'il n'est embaumé de tous les parfums de la Rose, le baiser est sans saveur, sur des lèvres qu'on effleure à peine.

Je suis passagère, j'en conviens; en méritai-je moins le nom de Reine? Je pourrais craindre un pareil reproche, si j'ambitionnais le titre de Déesse. Que la présomptueuse Amaranthe usurpe le nom d'*Immortelle*, nom qui n'appartient qu'aux Dieux : j'y consens; pourtant, qu'on me montre un Nestor parmi les fleurs! Ah! sans doute j'eusse paru trop heureuse, et le ciel m'eût enviée à la terre, si tant d'attraits eussent été plus durables! Cependant, dois-je me plaindre? les grandeurs et les plaisirs de l'homme partagent ma fragilité, et n'ont qu'un instant, comme moi.

Mais, de même que la vertu se survit par la renom-

Quid querar nostram doleamve sortem?
Omnis humanæ miserè caduci
Gloriæ flores, fugiunt eodem
More modoque.

Fama sed fortes vetat interire :
Et mihi abruptum properante Parcâ
Non fugax virtus, odor et superstes
Prorogat ævum.

Aridi blandùm cineres olebunt ;
Ut decet magnos sepelire reges,
Me meo Natura parens odore
Funera condit.

mée, ainsi la Parque a beau se hâter de trancher mes jours, mon mérite subsiste encore après moi, et prolonge mon existence. Mes cendres desséchées conservent toujours leur douce odeur; et comme après leur mort on embaume les Rois, la Nature elle-même embaume la Reine des fleurs dans ses propres parfums.

OCELLUS,

EX JACOBO MOIREAU.

NAM quo te versu Florum pulcherrime, quo te
Stirpis odoratæ decus immortale canendum?
Quo geminas dotes? dulcem tu naribus auram
Insinuas, gratumque procul jacularis odorem,
Nec minus et varios oculis spectare colores
Das simul; at formam et nascendi exordia dicam.
Ex imo gracilis trudit se cespite truncus,
Par tereti junco; tamen internodia sparsim
Caulis habet; glabri calices in culmine surgunt,
Folliculique tumor: mucronis fimbria longi
Denticulata viret, spinisque insurgit acutis.
Mox ubi vitali Phœbei luminis haustu
Follis hiat, lævi candentem murice florem
Parturit, et spissi densatas ordinis alas
Explicat ad solem; serratæ prominet oræ
Versicolor series, foliorumque aureus ordo.
E medio exurgunt cano duo cornua filo,
Qualia, quæ proprios primo sub vere penates
Fert secum, ex fragili distringit cochlea tecto.
Non plus Œbalio vestis micat ignea fuco,
Nec Tyriâ magis ostentat se purpura conchâ.
Pars tamen et croceis roseisque interlita punctis,
Pars maculis auro squallentibus ardet, et oras
Multiplici fulgens variat discrimine. Simplex

L'ŒILLET,

TRADUIT DE JACQUES MOIREAU.

Oserai-je te chanter, ô toi la plus charmante des fleurs, l'honneur et la gloire des filles odorantes de Flore? Par quels accents pourrai-je dignement célébrer ces doux parfums qui, répandus au loin, flattent délicieusement notre odorat, tandis que la brillante variété de tes couleurs enchante nos regards?

Je vais cependant essayer de peindre ta naissance et tes attraits. D'un lit de verdure, s'élève, tel qu'un faible jonc, une tige grêle, garnie de nœuds de distance en distance. Au sommet se place un calice uni, qui supporte une longue et verte enveloppe, dont l'extrémité supérieure est armée de dents et de pointes aiguës. Mais à peine aux rayons vivifians du soleil cette enveloppe s'est-elle entr'ouverte, qu'on en voit sortir une fleur brillante de pourpre, qui déploie au soleil ses pétales nombreux et pressés. Les bords festonnés de la corolle sont bigarrés, et les feuilles ont un éclat rival de celui de l'or. Au centre s'élèvent deux filets blancs, semblables à ceux qu'alonge hors de sa fragile habitation l'animal qui, au retour du printemps promène avec lui sa maison mobile. Les vêtemens teints des couleurs éclatantes de l'OEbalie, ou de la pourpre tyrienne, ont moins d'éclat. Parmi ces fleurs, les unes sont parsemées de points jaunes et roses, les autres étincellent de taches d'or, et nuancent de mille couleurs éclatantes l'extrémité de leurs pétales. Les premières sont solitaires; rarement on les voit

Illis ingenium, nec non rarissima vernat
Sylva ; sed his multo series densissima fœtu.
Quantus odor dulci fundit se nectare ! nam quid
Par huic thuriferis spirat Panchaïa sylvis,
Lætior audaci cum te vaga pollice virgo
Carpit, odoriferoque intexit pectora serto ?
Hæc ego, pulchrorum grato pro munere florum,
Rite memor tenui reddo tibi carmine vates.

se réunir en groupes ; les secondes sont beaucoup plus fécondes et plus multipliées. Quelle essence, quelle ambroisie l'OEillet exhale ! Tout l'encens de l'Arabie a-t-il rien de comparable à son odeur céleste, lorsqu'une jeune bergère, dans ses doux ébats, ose le cueillir pour en former la guirlande odorante dont elle pare son sein ?

Charmant OEillet, reçois ces faibles vers comme un tribut que t'offre ma reconnaissance, en retour de tes aimables fleurs et de tes parfums délicieux.

NARCISSUS SUI AMANS,

LUDUS ALLEGORICUS EX PETRO JUSTO SAUTEL.

JAM medium provectus erat super æthera Titan,
Et nemus, et pluviis hortus egebat aquis.
Insectatus ego leporis vestigia, sterno
Membra salebrosæ fracta labore viæ,
Hic ubi perspicuas volvens sine sordibus undas,
Serpebat tacitâ rivus amœnus aquâ.
Vix ego frigidulæ requieram in margine ripæ
Mersurus gelido flammea labra lacu;
Ecce repercussos parit unda puerpera vultus,
Blanditurque oculis æmula forma meis.
Incalui visæ correptus imagine formæ,
Et patior manibus spicula jacta meis.
Emorior, qualis dum Sirius excitat æstus,
In mediis marcet flosculus ustus agris.
Ergo metens virides inamabilis Atropos annos,
Præsecuit vitæ stamina prima meæ.
Flevere Oreades, Dryades flevere puellæ,
Nymphaque quæ truncos reddit avara sonos.
At superos tetigit nostræ inclementia sortis:
Quippe dedere alios posse videre dies.
Ne totus morerer, fieremque ut morte superstes,
Narcissus liquidis exiit alter aquis.
Et sic ille meæ fuerat qui mortis origo
Fit pariter vitæ rivus origo meæ.

NARCISSE AMANT DE LUI-MÊME,

TRADUIT DES JEUX ALLÉGORIQUES DU PÈRE SAUTEL.

L'ASTRE du jour était arrivé au plus haut point de sa carrière : les plantes et les arbres imploraient du ciel une pluie bienfaisante. Après une chasse longue et pénible à travers des bois et des rochers, j'arrive près d'un ruisseau qui promenait doucement, parmi les fleurs, ses flots transparens, et je laisse tomber sur ses bords mes membres fatigués. Mollement étendu sur la rive, je m'incline, pour calmer, par la fraicheur des eaux, le feu dont mes lèvres sont dévorées : ô prodige ! un autre moi-même naît et respire dans le sein du cristal limpide ; une beauté rivale de la mienne paraît me sourire. A cette vue, une flamme rapide embrase mes sens ; j'adore l'image reproduite à mes yeux, et mille traits lancés par mes mains pénètrent mon cœur. Je languis, je meurs d'amour ; telle une jeune plante frappée des rayons brûlans de la canicule, périt desséchée au milieu des champs. Ainsi la cruelle Atropos moissonna mes années dans leur fleur, ainsi elle trancha mes jours dès leur aurore. Les Oréades, les jeunes Dryades et la Nymphe qui ne rend qu'une partie des sons qu'on lui confie, me donnèrent des larmes. Mais les Dieux, sensibles à la rigueur de ma destinée, m'accordèrent une nouvelle existence ; je ne suis point mort tout entier : un autre Narcisse, sorti du sein des eaux, m'a fait survivre à moi-même ; et c'est ainsi que j'ai retrouvé la vie sur les bords même où j'avais trouvé la mort.

Quisquis is es, qui sæpe soles, vernante juventâ,
De facie speculum consuluisse tuum;
Ah! nimium fluxæ, nimium ne crede figuræ;
Gratia purpureis excidet ista genis.
Res est forma fugax, vanoque simillima flori
Qui caput è mediis surrigit ortus agris.
Nascentem parit una dies, rapit una cadentem,
Hunc nisi vel medio sole procella metat.
Sit decoris tibi major amor quàm cura decoris
Et cultum ingenii corpore pluris habe.

Toi qui, brillant de toute la fraîcheur de la jeunesse, aimes à interroger ton miroir, ah! garde-toi de trop compter sur ton éclat périssable! bientôt le temps ternira les roses de ton visage. La beauté est fugitive; c'est une fleur passagère que le matin voit naître, et que le soir voit mourir; heureuse encore lorsque l'orage ne la renverse pas dès le milieu du jour! Songe que la vertu est préférable aux attraits, et que les ornemens du corps ne sont rien auprès de ceux de l'esprit.

Qu'il me soit permis de placer ici la traduction en vers latins de l'idylle intitulée *le Saule pleureur*. Cette traduction est de M. Aubert-Audet, directeur d'une école secondaire, à Paris, déjà connu par un volume de poésies latines, traduites de différens auteurs.

Voyez, dans ce recueil, le *Saule pleureur*, pag. 8.

SALIX BABYLONICA.

Tutelam arboribus tribuit cùm regia cœli,
   Dicata Alcidæ Populus alba fuit.
Explicuere Hederæ frondes sacra serta Lyæo.
   Arrisit Lauro vinctus Apollo comas.
Aëriam legit Quercum sibi rector Olympi,
   Sylvarum imperium sub Jove Quercus habet.
Perpetuò viridanti Oleæ Tritonia virgo:
   Frugiferam pacem significabis, ait.
Dicta voluptatis, tenerique Cupidinis arbor
   Culta viret blandis Myrtus odora jocis.
Vos miseri nimiùm Salicem servastis amantes;
   Conscia curarum crescit amara Salix.
Hujus propitiam mœstis umbracula sedem
   Præbent, angorem tegmina nempè fovent.
Hæc hominum ærumnis proprios sociata dolores,
   Afflicti est lacrymis jungere visa suas.
Pallentes metuit turbare intenta recessus
   Frondis, nec modulos garrula promit avis.
Imò susurrantis rivi circumfluus humor
   Murmura compescens creditur ipse queri.

Quàm juvat obscuras horum caligine ramos
Molliter inflexos cernere versùs aquas !
Haùd secùs indignos Elegeia sparsa capillos
Fletibus ad tumulum fingitur ora rigans.
O tu lenta Salix, sacrata gementibus arbos,
Pande adytum miseris cùm sua fata dolent.
Flebilis umbra tui, sincero æqualis amico,
Leniat ærumnas, excipiatque sinu.
Duræ solvit homo sorti curisque tributum;
Nascimur, et pœnæ jam data præda sumus.
Ad Salicem venies, gemitusque ciebis acerbos
Qui jactas hodiè prospera fata tua.
Ecquis, adhùc juvenis, germanæ, uxoris, adempti
Vel patris illacrymans non stetit antè rogum ?
Ferreus ecquis homo, concordi orbatus amico,
Lamenta in viduo pectore mœsta premit ?
Et tu quem mollis rapiunt deliria sensûs,
Gaudia carpe brevis quæ dedit una dies.
Jam modò Myrtus amans frontem tibi cingit ovantem:
Cras Salicis planctus audiet umbra tuos.

Je crois ne pouvoir mieux terminer cet ouvrage, consacré presque tout entier aux Fleurs, qu'en citant ici deux fragmens où la Poésie, pour les chanter, semble leur avoir emprunté leur fraîcheur et leur coloris. Ce sera renouveler le plaisir de ceux de mes lecteurs qui connaissent déjà ces deux morceaux, et en procurer un bien vif à ceux qui n'en auraient pas encore connaissance.

LES FLEURS.

Fragment d'un poëme, par M. De Fontanes.

Multipliez les Fleurs, ornement du parterre.
O! si la fable encor venait charmer la terre,
Ces Fleurs reproduiraient, en s'animant pour nous,
Et la jeune beauté qui mourut sans époux,
Et le guerrier qui tombe à la fleur de son âge,
Et l'imprudent jeune homme épris de son image.
Renais dans l'Hyacinthe, enfant aimé d'un Dieu!
Narcisse, à ta beauté dis un dernier adieu;
Penche-toi sur les eaux pour l'admirer encore.
D'un éclat varié que l'OEillet se décore!
Et toi qui te cachas, plus humble que tes sœurs,
Violette, à mes pieds verse au moins tes odeurs.
Que sous l'herbe en tout lieu ta pourpre se noircisse,
Et que la Giroflée en montant s'épaississe!
Mariez le Jasmin, le Lilas, l'Églantier;
Et sur-tout que la Rose, embaumant ce sentier,

Brille comme le teint de la vierge ingénue
Que fait rougir l'Amour d'une flamme inconnue.
Ces trésors pour vous seuls ne doivent pas fleurir :
A la jeune bergère on aime à les offrir ;
Elle rend un sourire. Hélas ! belle Rosière,
D'autres amis des mœurs doteront ta chaumière ;
Mes présens ne sont point une ferme, un troupeau,
Mais je puis d'une Rose embellir ton chapeau.
O Fleurs ! en tous les temps égayez ma retraite ;
Et, plus heureux que moi, puisse un autre poète
Peindre sous des crayons frais comme vos couleurs,
Vos traits, vos doux instincts, vos sexes et vos mœurs !
L'Amour, dont vos parfums enflamment le délire,
Souvent par vos bouquets étendit son empire.
O Fleurs ! qui tant de fois avez servi l'amour,
Votre sein virginal le ressent à son tour.
Oui, vous n'ignorez pas les humaines délices.
Vainement la pudeur au fond de vos calices
Cacha de vos plaisirs le charme clandestin ;
Les zéphyrs précurseurs du soir et du matin,
Les zéphyrs les ont vus, et leur voix fortunée
Raconte aux verds bosquets votre aimable hyménée.

Cependant, si mon œil veut un jour de plus près
De vos lits amoureux surprendre les secrets,
J'irai dans ce jardin, où, calme et solitaire,
La science à toute heure ouvre son sanctuaire.
Que de fois, en entrant dans ce séjour sacré,
J'ai cru revoir ce Dieu par l'Egypte adoré,
Ce Pan qui du grand Tout fut le visible emblême !
Sur les bords de la Seine il a porté lui-même,
Loin des rives du Nil, son culte et ses autels,
Et ses prêtres savans, bienfaiteurs des mortels.

Là, je vois rassemblés, sous sa garde féconde,
Tous les germes ravis aux quatre parts du monde.
Quels riches entretiens! tour-à-tour entraîné
De l'éloquent Buffon à ce docte Linné,
J'entendrai les savans qu'a formés leur génie.
Ils partagent entre eux la nature infinie,
Et dans son vaste empire ils règnent tous en paix;
Chacun soulève un coin de ses voiles épais.
Sans ombre, ô Vérité! tu veux qu'on te contemple;
Le Sphynx n'est plus assis sur le seuil de ton temple.
Ici, tous les secrets s'ouvrent à tous les yeux.
Le divin Esculape, égaré dans ces lieux,
D'un art trop insulté m'expliquant les mystères,
Demande à l'humble Fleur quelques sucs salutaires;
La fille du Printemps ne les refuse pas,
Car souvent ses bienfaits égalent ses appas.

Ainsi donc, que les Fleurs, charme de votre asile,
Ne frappent point les yeux d'un éclat inutile.
A l'entour un essaim bourdonne sourdement;
C'est là que, pénétré d'un double enchantement,
Vous lisez, au doux bruit de la ruche agitée,
Ces vers plus doux encore où gémit Aristée;
C'est là qu'on rit parfois, Réaumur à la main,
Des aimables erreurs du poëte romain.

LES FLEURS.

Fragment d'un poëme intitulé : LES PAYSAGES, *par M.* DE BOISJOLIN.

OH! comme chaque Fleur, en ce riant dédale,
Prodigue aux sens charmés sa grâce végétale!
Noble fils du Soleil, le Lys majestueux
Vers l'astre paternel dont il brave les feux,
Elève avec orgueil sa tête souveraine.
Il est le roi des Fleurs, dont la Rose est la reine.
L'obscure Violette, amante des gazons,
Aux pleurs de leur rosée entremêlant ses dons,
Semble vouloir cacher sous leurs voiles propices,
D'un prodigue parfum les discrètes délices;
Pur emblême d'un cœur qui répand en secret
Sur le malheur timide un modeste bienfait.
Le Narcisse, plus loin, isolé sur la rive,
S'incline, réfléchi dans l'onde fugitive;
Cette onde, cette fleur s'embellit à tes yeux
Par le doux souvenir du ruisseau fabuleux;
Tant les illusions des poétiques songes
Nous font encore aimer leurs antiques mensonges!
Vois l'Hyacinthe ouvrir sa corolle d'azur,
Le riche OEillet, ami d'un air tranquille et pur,
Varier ses couleurs d'une teinte inégale,
Le Muguet arrondir l'argent de son pétale,
Et l'épais Chèvre-feuille errer en longs festons.
La Rose te sourit à travers ses boutons;
Heureux, en la voyant, du baiser qu'il espère,
Le berger la promet au sein de sa bergère!

Fleur chère à tous les cœurs ! elle pare à-la-fois
Et le chaume du pauvre, et le marbre des rois ;
Elle orne tous les ans la Beauté la plus sage :
Le prix de l'innocence en est aussi l'image.

Mais quelle Fleur plus fière, au milieu de ses sœurs,
Oppose à leurs parfums l'éclat de ses couleurs ?
Ton œil a reconnu la Tulipe inodore,
Jadis Nymphe des champs, et compagne de Flore.
Protée était son père ; et la fable autrefois
Consacra son malheur, qu'ose chanter ma voix.

A cette heure douteuse, où l'ombre plus tardive
Suit du jour qui s'éteint la clarté fugitive,
La Nymphe, loin de Flore, hélas ! loin, pour jamais,
Des champs et de son cœur goûtant l'heureuse paix,
Sous l'odorant feuillage où chantait Philomèle
Savourait du repos la douceur infidèle.
Zéphire l'aperçoit, et, d'un souffle enflammé
Caresse des attraits dont son œil est charmé.
La fille de Protée, à cette douce haleine,
Entr'ouvre avec lenteur sa paupière incertaine,
Et ne voit pas encor, dans son enchantement,
Que ce bruit de Zéphire est la voix d'un amant.
Mais bientôt, à l'aspect du jeune époux de Flore :
« Déesse, à tes bienfaits si j'ai des droits encore,
» Dit-elle, contre un Dieu qui trompe tes amours,
» J'implore ta vengeance, ou du moins ton secours ».
Tout-à-coup, ô prodige ! une forme étrangère
La dérobe aux transports d'un desir adultère.
Son beau corps, dont Zéphyr presse en vain les appas,
En tige souple et frêle échappe de ses bras ;

Ses cheveux qui tombaient en boucles agitées,
S'élevant sur son front en feuilles veloutées,
L'entourent d'un calice ; un doux balancement
Semble prouver encor qu'elle craint son amant.
Le Dieu veut, en parfums, respirer son haleine ;
Ce baume de l'Amour adoucirait sa peine :
Nul parfum ne s'exhale ! et ce dernier desir
Prive la Fleur d'un charme, et l'homme d'un plaisir.
Mais la Nymphe héritant du secret de son père,
De cet art protecteur se fait un art de plaire ;
Et trompant le regard par la variété,
De changeantes couleurs enrichit sa beauté.
Tu vois errer Zéphyr : mais il ne cherche qu'elle,
Et s'il paraît volage, il n'est plus infidèle.

FIN.

TABLE.

NOTES SUR LES IDYLLES.

POÉSIES DIVERSES.

EXTRAITS DE DIVERS AUTEURS.

FIN DE LA TABLE.

DE L'IMPRIMERIE DE CRAPELET.

IDYLLES

ET

Romances

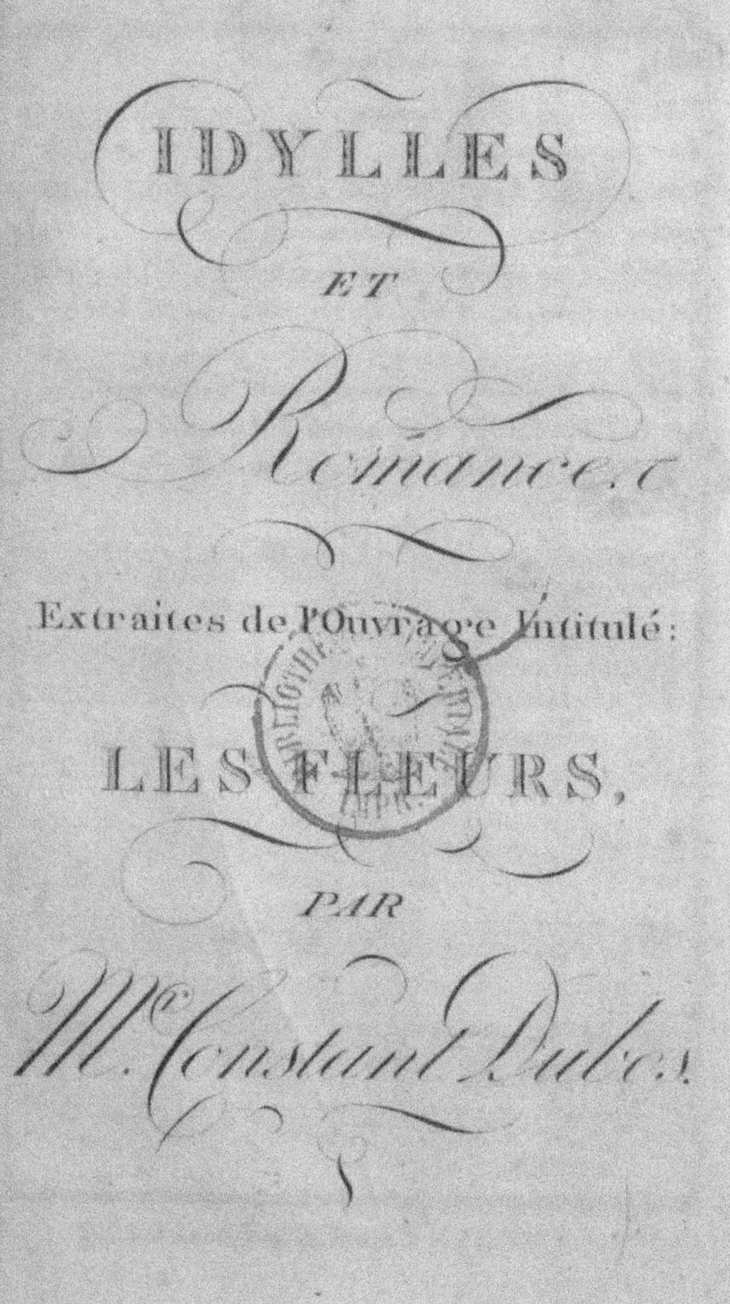

Extraites de l'Ouvrage Intitulé :

LES FLEURS,

PAR

Mr. Constant Dubos.

LA PIÉTÉ FILIALE.

Musique de Mr Lélu.

Larghetto exprvo
PIANO ou HARPE
Le Vieillard.
Que fais-tu la plain-
p
-tive et so-li-taire Charmante en-fant d'où
p cres
p cres
naissent tes dou-leurs As-tu per-du ta bre-
f
sf

-bis la plus che-re Es-ce l'A-mour qui
cres
fait cou-ler tes pleurs
Mineur
La jeune Fille. L'Amour n'a
Mineur
point en-cor trou-blé ma vi- - - -e

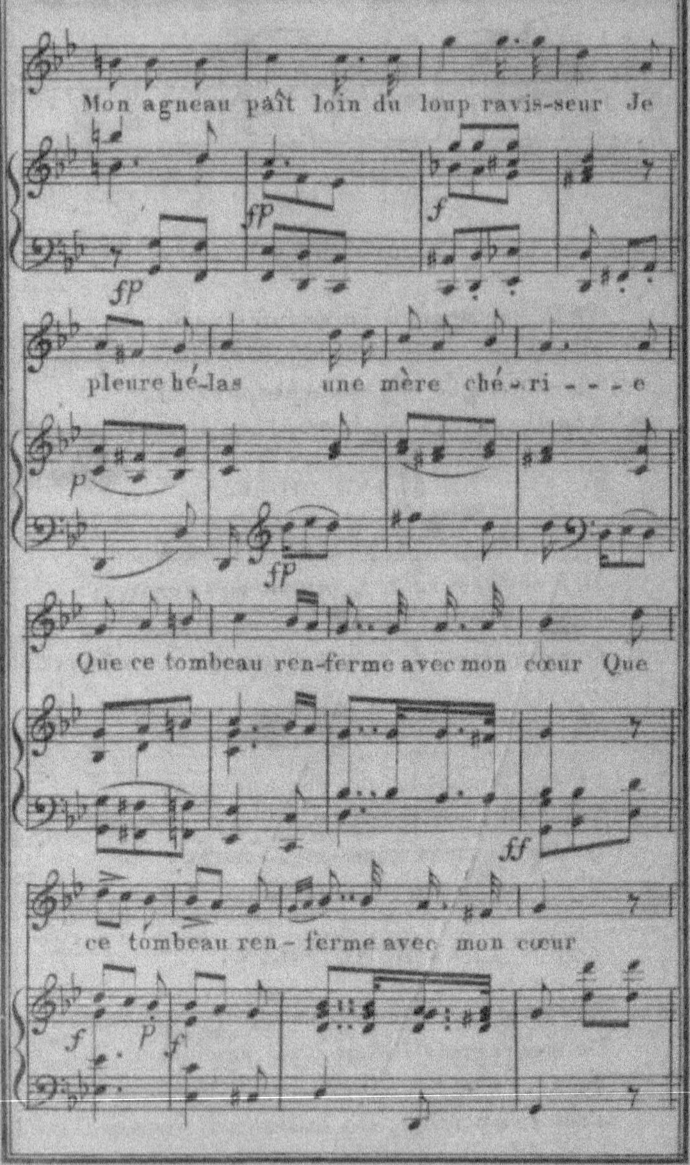
Mon agneau paît loin du loup ravis-seur Je
pleure hé-las une mère ché-ri - - - e
Que ce tombeau ren-ferme avec mon cœur Que
ce tombeau ren - ferme avec mon cœur

LE VIEILLARD.

Viens partager, ô jeune infortunée,
Mes soins, mes fruits, le lait de mon troupeau;
Aimable vigne aux vents abandonnée,
Viens près de moi, je serai ton ormeau.

LA JEUNE FILLE.

Courbé par l'âge, accablé de souffrance,
Mon père est seul: il attend mes secours;
Il a pris soin d'élever mon enfance,
Qui prendrait soin de lui dans ses vieux jours?

LE VIEILLARD.

Près du tombeau d'une mère adorée,
Pourquoi veux-tu sans cesse aigrir tes maux?
Quitte ces lieux; ton ame déchirée
N'y peut trouver que des tourmens nouveaux.

LA JEUNE FILLE.

Ah! dans ce lieu, qui seul m'offre des charmes,
De mes regrets j'aime à me pénétrer;
Je tiens encore au bonheur par mes larmes;
Près de ma mère, ah, laisse-moi pleurer!

LA BELLE DE NUIT.

Musique de Mr. Lélu.

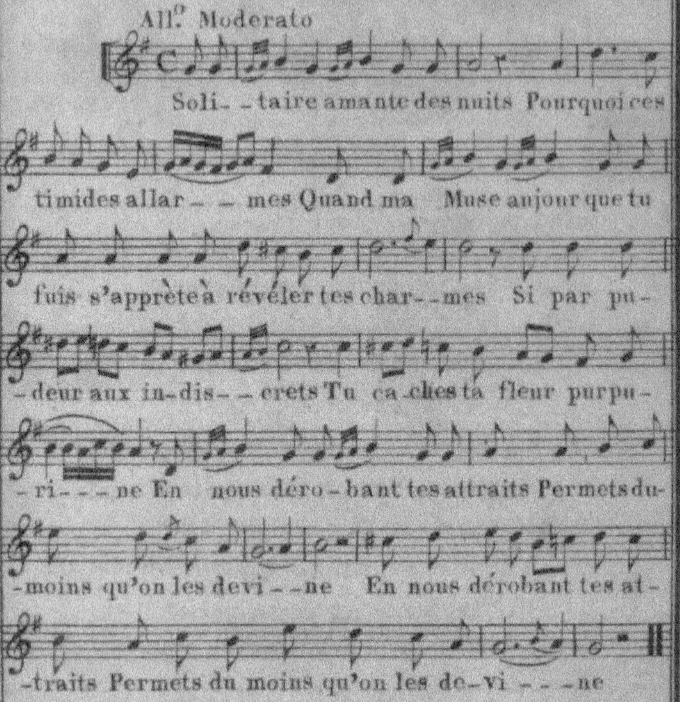

2

Lorsque l'Aube vient éveiller
Les brillantes filles de Flore,
Seule, tu sembles sommeiller,
Et craindre l'éclat de l'Aurore.
Quand l'ombre efface leurs couleurs,
Tu reprends alors ta parure;
Et, de l'absence de tes sœurs,
Tu viens consoler la nature.

3

Sous le voile mystérieux
De la craintive modestie
Tu veux échapper à nos yeux,
Et tu n'en es que plus jolie.
On cherche, on aime à découvrir
Le doux trésor que tu recèles;
Ah! pour encor les embellir,
Donne ton secret à nos belles!

4

Discret témoin, tu vois venir
Quelquefois la jeune bergère;
Comme toi, son cœur, pour s'ouvrir,
Demande l'ombre et le mystère.
Dis nous combien de fois l'Amour
Sut dérober, dans le silence,
Un soupir, qu'à l'astre du jour
N'osait confier l'innocence?

5

Lorsqu'auprès de toi, dans la nuit,
La bienfaisance solitaire
Se glisse en secret et sans bruit
Pour visiter l'humble chaumière,
Incline-toi, charmante Fleur!
Repands sur sa marche empressée,
Un parfum pur comme son cœur,
Céleste comme sa pensée!

A TOI.

Musique de M^r. Guichard, Professeur au Conservatoire

li- - -re Ce que ma voix redoute d'expri- -
-mer Ce que ma voix redou- - - -te
d'ex- -pri- - mer Un trouble heu-
Majeur
-reux m'a-gite et m'in- -qui-et- - -te

Quand par ha-zard ma main tou-che ta
main Le cœur me bat ma rougeur
in-dis-crè- - te Trahit l'ardeur qui dé-vo-
-re mon sein Trahit l'ar-

2

Si quelquefois ta bouche enchanteresse
A demi voix soupire un air flatteur,
Dieux ! quels transports ! quelle brulante ivresse
Avec tes chants coule jusqu'à mon cœur ! (Bis.)
Est-ce pour moi que ton ame attendrie
Aime à former ces accords languissans,
Ces sons si doux dont la molle harmonie,
Ravit, enivre, embrâse tous mes sens ? (Bis)

3

Quel est celui dont l'image chérie
Vient quelquefois frapper ton souvenir,
Pour qui ta douce et tendre rêverie
Laisse, en secret, échapper un soupir ? (Bis)
Assez heureux pour ne pas te déplaire,
Si mon amour peut suffire à tes vœux,
Si tu me vois à tes pieds sans colère,
Faible mortel, j'égalerai les Dieux ! (Bis)

4

Peut-être hélas ! ton oreille s'offense,
D'un aveu tendre exprimé sans détours :
Si tu voulois deviner mon silence
Je promettrais de me taire toujours.

LA VIOLETTE.

Musique de Mr. Lélu.

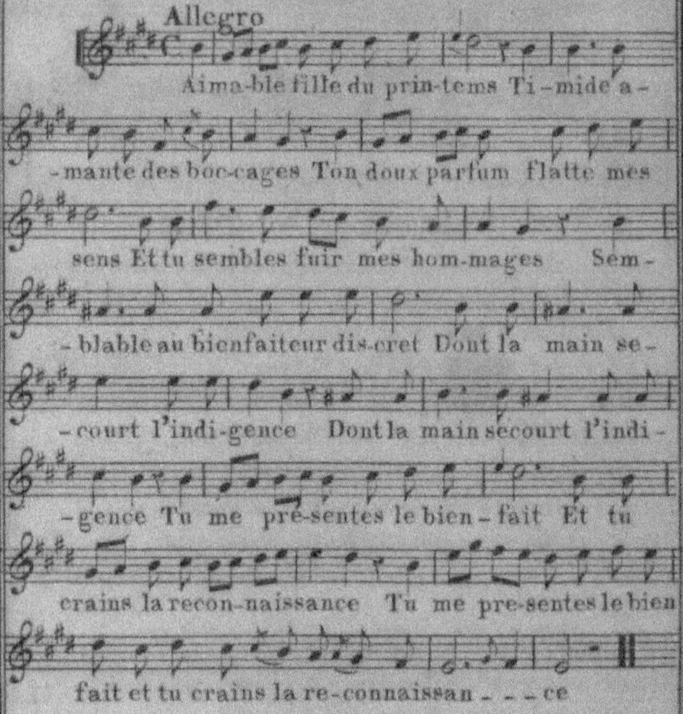

2

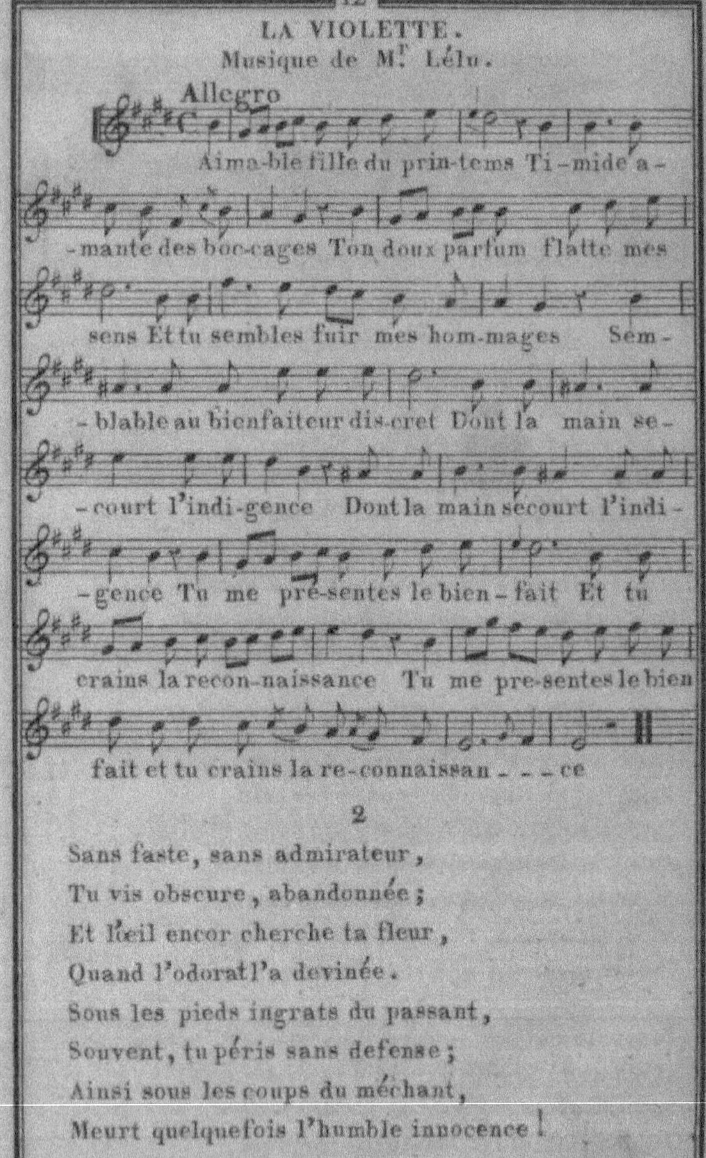

Sans faste, sans admirateur,
Tu vis obscure, abandonnée;
Et l'oeil encor cherche ta fleur,
Quand l'odorat l'a devinée.
Sous les pieds ingrats du passant,
Souvent, tu péris sans defense;
Ainsi sous les coups du méchant,
Meurt quelquefois l'humble innocence!

3

Pourquoi tes modestes couleurs
Au jour n'osent elles paraitre ?
Auprès de la reine des fleurs
Tu crains de t'éclipser peut être ?
Rassure toi : même à la cour,
La Bergère sait plaire encore ;
On aime l'éclat d'un beau jour,
Et les doux rayons de l'aurore.

4

N'attends pas les succès brillans
Qu'obtient la rose purpurine ;
Tu n'es pas la fleur des amans,
Mais aussi, tu n'as pas d'épine !
Partage, au moins, avec ta sœur
Son triomphe et notre suffrage ;
L'Amour l'adopte pour sa fleur,
De l'Amitié sois l'apanage.

5

Viens prendre place en nos jardins
Quitte ce séjour solitaire ;
Je te promets, tous les matins,
Une eau limpide et salutaire.
Que disje ?.. non, dans ces bosquets
Reste, ô Violette chérie !
Heureux qui repand des bienfaits,
Et, comme toi, cache sa vie !

LE SAULE

Musique de Mr. Lélu

2

Son feuillage, toujours cher à la reverie,
Offre un reduit propice aux mortels malheureux;
Il aime à les couvrir de sa mélancolie:
On dirait qu'il pleure avec eux!

3

Les oiseaux, receuillis sous sa pâle verdure
De son tranquille abri n'osent troubler la paix;
Le ruisseau qui l'arrose adoucit son murmure,
Et semble exprimer des regrets.

4

Oh que j'aime à le voir, vers l'onde rembrunie,
Incliner mollement ses flexibles rameaux,
Comme, en cheveux épars, on nous peint l'Elegie,
Soupirant auprès des tombeaux!

5

Saule cher et sacré, le deuil est ton partage;
Sois l'arbre des regrets et l'azile des pleurs:
Tel qu'un fidèle ami, sous ton epais ombrage
Acceuille et voile nos douleurs.

6

Ô toi, que du plaisir la voix flatteuse engage,
Crédule amant, jouis de ton bonheur d'un jour;
Le Myrthe, en ce moment, te prête son ombrage:
Demain le Saule aura son tour.

www.ingramcontent.com/pod-product-compliance
Lightning Source LLC
LaVergne TN
LVHW052020060726
842528LV00002B/582
* 9 7 8 2 3 2 9 2 5 6 4 1 2 *